Le poids des souvenirs

La quête du présent

Jean-Pierre Heyko Lekoba

Le poids des souvenirs
La quête du présent

Récit

Préface de Charles Zacharie Bowao

© L'Harmattan, 2012
5-7, rue de l'Ecole-Polytechnique, 75005 Paris

http://www.librairieharmattan.com
diffusion.harmattan@wanadoo.fr
harmattan1@wanadoo.fr

ISBN : 978-2-336-00684-0
EAN : 9782336006840

Remerciements

A mon épouse Patricia qui m'a soutenu tout au long de cette aventure. Sans elle, ce livre n'aurait pas vu le jour.

Les relectures, annotations et évocations des amis d'enfance m'ont fortement aidé. Qu'ils trouvent ici le témoignage de ma reconnaissance.

A mes compagnons de marche avec lesquels nous avons partagé des moments d'échanges et de discussions passionnées.

A mon aîné Camille BONGOU, pour son exemple et sa rigueur intellectuelle. Grâce à lui, je me suis plongé avec enthousiasme dans la vie politique. Toute ma reconnaissance.

A mon encadreur politique Ambroise Edouard NOUMAZALAY, pour sa patience, sa disponibilité, ses enseignements, sa confiance et sa générosité. Côtoyer ce grand homme, écouter ses conseils, apprendre à ses côtés, le subir quelquefois, se voir accepté, parfois toléré, mais toujours considéré ; bénéficier de son amitié, se laisser gagner par son optimisme pour l'avenir de son pays, voir se renouveler chaque jour l'envie de se mettre au service des autres, toujours avec ce rire si particulier et si contagieux ; jamais je n'oublierai ce grand frère qui a su rester jeune et donner tant pour transmettre les valeurs de modestie et du sacrifice de soi.

Au Président Denis SASSOU-NGUESSO qui m'a fait l'honneur de m'accepter comme compagnon et m'a nommé préfet du département du Niari, traversé par l'extraordinaire route lourde Pointe-Noire – Brazzaville, qui rentrera dans l'histoire comme une des grandes œuvres de sa vie. Que ce livre soit un des témoignages des efforts colossaux qu'il a engagé pour transformer le Congo.

A mon frère Alfred OPIMBAT pour toutes ces années d'amitié et de complicité, pour tout ce que nous avons partagé ensemble.

A Ma Adèle enfin, cette inconnue dont le souvenir a inspiré et guidé mes réflexions, symbole de ce voyage au plus profond de mon être.

Je dédie cet ouvrage à :

Ma mère EKO Thérèse : pour avoir sacrifié ses années de jeunesse à nous élever, mes sœurs, mes frères et moi ; pour son rôle dans la gestion d'une vie de famille difficile dont son amour maternel fut le ciment.

Mon père LEKOBA Jean : pour tous les sacrifices consentis pour assurer mon éducation, pour sa présence et pour son exemple ;

Mon grand-père WANLANGOYE : pour avoir, très tôt, su captiver mon attention sur les mystères de la vie et m'avoir fait bénéficier de ses précieux enseignements;

NDOLO Simone, dite Nhya, ma deuxième mère : pour le rôle qu'elle a joué dans ma vie, pour son courage et sa détermination ;

Tous mes enfants : pour toutes les joies qu'ils m'ont apportées.

Préface

En entreprenant en toute liberté *Le poids des souvenirs*, disons précisément de ses souvenirs, car c'est bien de cela qu'il s'agit, Jean-Pierre Heyko-Lékoba est face à sa conscience. Il est face à lui-même, par-delà la quête du présent, voire de l'au-delà. On aurait pu dire tout autant une quête du présent, ou parler plutôt d'une requête de sa présence au monde. En se tenant face à sa conscience, il se met à l'écoute de l'inconnu, d'une part de lui qu'il semble ignorer proprement. Il se cherche infiniment. Tout tient.

Avec une écriture sobre et pointilleuse, l'ingénieur-économiste, polémiste à souhait, le militant sans cesse critique, déroule son imagination créatrice dans l'esprit controversé d'une temporalité chaotique, sans couvrir la trame d'une désespérance différée. La plume cherche l'homme. Elle finit par le trouver, puis le perd, puis le retrouve, de nouveau le perd, le retrouve de nouveau, ainsi de suite, dans une odyssée qui se veut autobiographique, sans fin. L'humain se dépouille en débrouillant certains faits intimes, par exemple, la naissance extraconjugale d'un enfant. Un fait anodin pour certains, comique pour d'autres, mais quelquefois tragique, notamment là où cela se subsume en paroxysme de l'infidélité ou de la trahison. Jean-Pierre prise sa destinée.

Qui peut maîtriser son propre destin ? N'est-ce pas le destin en soi qui le pourrait ? Le destin, autrement dit, cette force supérieure, invisible, voire indivisible qui règle la vie à travers et/ou en travers des vies singulières, ordinaires ? Il faut savoir lire les signes du temps, a-t-on coutume de gausser. Ce n'est pas facile. Le destin se dévoile a posteriori. On le réalise après coup. Quel destin cruel d'untel qui vient inopinément de trépasser ! Ce qui est arrivé à tel autre n'est peut-être qu'un véritable clin d'œil du destin !

Ainsi naît la vie; ainsi va la vie. Ainsi, se consume la vie, la vie de la vie, pour dire prosaïquement la mort. Poétiquement ! L'homme n'est-il pas, finalement, dans l'éternité, mais juste pour un instant terrestre ? L'homme ne surgit-il pas de l'éternité pour se perdre dans l'infini après la médiation terrestre ? Absurdité de l'existence. Absurdité de l'inexistence, et que sais-je encore philosophiquement...pour cerner cette barbarie ontologique. On ne saura jamais, hélas. Angoisse existentielle et ignorance savante se disputent. Il faut néanmoins obstinément poursuivre la méditation. La respiration littéraire se prête aisément à ce jeu de libération ou de confiscation de l'âme.

Que c'est magnifique de vivre une rencontre imaginaire entre un homme, sa destinée et le destin en soi, de déambuler dans les méandres de sa vie, en le voyant tourmenté dans l'inconscience d'un sommeil de plomb, se tournant vers l'éternité pour capter entre rêves et réalités un message divin, si petit soit-il, et saisir un tant soit peut, entre autres, le silence perturbateur d'un père, l'incompréhension sordide d'une mère, d'une petite maman ; ressentir longtemps après, l'intensité émotionnelle provoquée par la disparition d'un être cher, ou le traumatisme déroutant d'une séparation voulue ou non, acceptée ou non, celle récente de Vieux Noumaz, pour ne citer que l'exemple du bon et célèbre écolier, stature athlétique, blagueur infatigable, sourire allègrement contenu, la main gauche un crayon et un cahier plié en deux, la droite prête à relever son prochain ! Je le revois encore - ô Le Marquis - présentant fièrement et chaleureusement celui qui était devenu son inséparable pote, et qui n'est autre que son ex-geôlier post-M22, comprenne qui voudra.

L'auteur est le personnage central de ses pérégrinations. Il scande les évènements de sa vie, les plus tristes comme les plus heureux, les plus significatifs autant que les plus insignifiants ; aucune chance au hasard, mais avec des non-dits à n'en point finir. On voit défiler les péripéties d'une émergence que diluent les absurdités du commencement d'une République indépendante, avec ses évidences réactionnaires et/ou révolutionnaires qui condamnent à emprunter vaille que vaille le chemin du village à l'orée de la douloureuse partition ethnocentrique de la ville postcoloniale, jusques et y compris ce quartier cosmopolite vidé de son âme dans l'opacité de son surgissement naturel. Puis, se dessine avec humours et compassions le dépassement de la cristallisation ethnocentrique, grâce à des fortes affinités scolaires et universitaires, sportives, musicales, amoureuses et autres subterfuges symboliques.

Entre raidissements et désengagements, brusquement et avec enthousiasme, on voit se propager l'optimisme citoyen d'un mandat législatif acquis, puis remis en cause par la manipulation ironique de considérations bizarroïdes, entendez ces anachronismes ancestraux qui prostituent la perspective républicaine démocratisée. De la députation à la déperdition, il n'y a qu'un pas qu'il vaut mieux ne pas accomplir. Le sage ne connaît pas de dépit ; il sait supporter aequo animo l'adversité. Passée la brisure électorale, c'est la suture préfectorale à l'épreuve des similitudes de situations, dans une posture exigeante de hauteur républicaine, au cœur des vicissitudes politiciennes faites d'interminables querelles partisanes, qui obscurcissent l'avenir. Or, le développement est une conquête perpétuelle. Le développement ne s'hérite pas. Il s'invente et se réinvente. Il se fabrique avec perspicacité et opiniâtreté, en fouinant dans la crise des identités et dans l'absence des projets quelques déclics lumineux d'avenir, en travaillant à mettre en place un projet historique, un projet de société. Une manière de dire ce quelque chose de grandiose que l'histoire tient en creuset indépassable de bienveillance universelle, au service de l'un et de la multitude. Ici, s'entrecroisent l'un dans l'autre, à la faveur d'une espérance retrouvée, *la route nationale n°1* et *le chemin d'avenir*. Dès lors, la suture préfectorale devient témoignage magistral d'un cadre au profit d'un homme de destin et du destin d'un peuple. Encore faudra-t-il travailler de bonne foi, pour que l'effusion symbolique soit vécue humblement, avec modération ; afin qu'elle ne soit point piégée par des fanatismes au service du néant, de l'affadissement militant, où les partisans du « rien-ne-se-fait » affrontent ceux pour qui « tout-se-fait ». Point n'est besoin de redire la désobligeance de la bêtise humaine, ce désastre au cœur d'une société sans projet(s).

C'est vrai, rien de grandiose ne se fait sans passion positive. L'ingénieur-économiste en a la mesure. Toute proportion gardée, il est englué dans une telle passion; on peut le constater à la relecture de son parcours personnel. Une relecture qui offre à la grandeur historique la pertinence éthique d'un avenir démocratiquement maîtrisé en fonction des enjeux géopolitiques, socioéconomiques, technoscientifiques et culturels qui pulvérisent sans faux-fuyants l'aveuglement ou l'encombrement de l'initiative créative. C'est dans cet élan critique du développement que s'appréhende ce moment catalyseur porté par le Club K'Munga dont Jean-Pierre Heyko-Lékoba aura été un artisan privilégié ; un espace réflexif et décisif qui a fécondé le débat national en le structurant dans un esprit de tolérance positive, poussant le zèle jusqu'à proposer, voire à créer les conditions permissives d'une refondation non pas partisane, mais nationale. J'entends l'analyste plaider la démystification du jeu démocratique en prenant en charge les « questions qui fâchent », avec sérénité et patience, et sortir le pays du spectre des guerres fratricides, dont l'essence diabolique est dans la mal-gouvernance économico-financière combinée à l'instrumentalisation ethnique du jeu politico-idéologique. Il fallait convaincre l'insaisissable « grand frère des petits frères » et le controversé « dirigeant émérite », tous deux prétendument « facilitateurs » auprès d'une énigmatique et infatigable génération, produit du temps révolutionnaire. Une génération inoxydable, pleine d'expériences, prête à se mettre au service d'une jeunesse décidée à faire tout, tout de suite. Les « aînés » voulaient s'approprier une « modernité » dont ils comprenaient à leur manière les contours introspectifs et prospectifs, mais sans travestir ce passé d'où procédait irrémédiablement le formatage de l'esprit conservateur. Nantis de formations supérieures diversifiées et pointues, les « cadets » disposaient de l'avenir, se disposaient à l'innovation temporelle, sans amertume ni regret d'un passé auquel une dette de reconnaissance les liait. Pour eux, était noblesse l'application systématique de ce qu'ils avaient appris au prix de mille sacrifices, notamment à l'étranger. La générosité révolutionnaire avait pourvu à leur avantage des bourses d'études moyennes ou supérieures en France, en ex-URSS, à Cuba, en Algérie, etc. La révérence révolutionnaire ayant perdu de son impétuosité, le profil monolithique du cadre « rouge et expert » se reconfigurait à l'aune du pluralisme politique. Le pouvoir n'était plus au bout du fusil, mais au fond des urnes. A l'ouvrage, s'imposait l'ascendance républicaine du cadre « démocrate et expert » ; je revois la désolation silencieuse de l'« espérance tranquille » le plus jeune des artisans de K'Munga, le « petit frère des grands frères », aujourd'hui héros de la belle aventure d'Imboulou, clé du boulevard énergétique, une prouesse supplémentaire symbolisant l'avenir de l'espérance.

Pourquoi et comment s'en tenir au « stencil » alors que l'ordinateur démultiplie à l'infini la capacité inventive du cerveau humain. Pourquoi perdre du temps à compter manuellement, alors que l'on pouvait calculer logico-mathématiquement ? Décidément, si jeunesse savait, si vieillesse pouvait... Le sens de la dette se fond dans la dette du sens. Rien n'est tranché. L'ambiguïté de la volonté politique persiste. La figure insolite de l'intellectuel organique se volatilise à l'intersection de l'espérance révolutionnaire et de l'impertinence démocratique, laissant interrogative l'impatience surréaliste d'une refondation politique mutilée sur l'autel du statu quo par la malice militante. Nul ne sait d'où viendra la cuvée libératrice d'une éthique, finalement introuvable selon les plus sceptiques.

Maman, ou l'écho permanent d'une angoisse existentielle!
Jean-Pierre Heyko-Lékoba a souffert de la disparition tragique de sa mère. Les problèmes de famille qui ont précédé cette mort n'ont pas facilité la sortie de cette épreuve de sa vie. La suite aussi. Il souffre. Le chagrin inonde le prolongement d'un dialogue intérieur infini. Dans son cœur, maman n'est pas morte. Elle est quelque part, de l'autre côté de la vie. De temps en temps, elle apparaît sous le visage attristée d'une inconnue ; à l'instar de cette femme rencontrée au cours d'une marche de

routine, et que l'enfant ne reverra plus. Que de circonstances manquées pour se racheter auprès d'elle, pour lui dire simplement merci, pour lui demander pardon, pour s'incliner devant la gratuité de sa bonté. Maman ! La récurrence figurative de maman chez Jean-Pierre Heyko-Lékoba est l'écho indépassable d'un deuil. Inconsolable garçon. Peut-être est-ce la manière choisie par l'enfant pour contenir les larmes qui continuent de couler en un cœur à jamais meurtri. Je ressens la déchirure insurmontable d'une expérience partagée lorsque, en août 2000, avec Louis et Sophie, Jean-Pierre m'accompagne dans une épreuve similaire. Quionie rien n'y peut. Enceinte de Prince, elle est aux Amériques en quête de l'essence des droits humains. Ses pleurs fendent mon cœur, mais je n'ai pas le droit de craquer. Je l'encourage à tenir bon, sans succès. Je craque finalement. Elle se ressaisit, puis à son tour m'encourage.

L'évidence est là. Maman est morte. Maman a disparu. Maman scintille désormais dans la transcendance d'une illusion protectrice qui se fait souffrance et espérance. Je souffre dans l'espérance ; j'espère dans la souffrance ; le temps ne règle rien de ce drame de vie qu'est la mort d'une mère. Le deuil d'une mère est infini. En revanche, le deuil du père est surmontable. Peut-être parce que le garçon voit survivre en lui ce père absent physiquement; surtout lorsque, à la mort du père, le fils aîné tant aimé se voit élevé à la dignité de chef de famille. Jean-Pierre Heyko-Lékoba n'a pas échappé à ce destin-là. Il est devenu dans sa famille ce père qui vit en lui. Ce n'est pas le cas de Méka qui ne devient chef de famille que par défaut, parce qu'il a quelque moyen. La réussite de Méka fait de lui le dépositaire de la sorcellerie du père qui a privé le frère aîné de la dignité qui lui revenait de droit. Malgré tout, le père ne meurt jamais. Son nom survit. Il ne change pas de famille, alors que maman intègre la famille de son mari, prend le nom de celui qui est devenu son époux, parfois contre toute attente. En une certaine Afrique, l'épouse n'appartient plus à sa famille de naissance, mais à celle de son mari. Vice de père, encore la fameuse loi masculine. Vive donc le père. Maman l'observe tranquillement, de quelque part, oui, elle qui n'est plus. Maman ne survit pas, ne serait-ce qu'à travers celle qui lui ressemble le plus parmi celles qu'elle a mise au monde. Est-ce pour cette raison que Lékoba se fait Heyko ? La troisième vie décodera.

L'autobiographe annonce une troisième vie entamée au terme de cette surcompression initiatique, portée par l'absurdité ontologique où se fourvoient l'invisible et le visible. Aucun indice de ce qui peut en être l'épicentre. Un saut dans l'inconnu. L'esprit est route. L'ouvrier est au chantier. L'horizon présume une aventure, la sienne propre, et une écriture qui en est le décryptage. Entre l'écriture d'une aventure et l'aventure d'une écriture s'amoncellent espérances et illusions n'échappant ni à la banalité existentielle, ni à la transcendance spirituelle, selon une fiction temporelle dont l'auteur a percé le secret de la réminiscence. Qu'à cela ne tienne !

Je n'aime pas conclure. Pour ce faire que suffise une touche personnelle d'amitié, pour faire d'une préface une médiation en soi, entre temporalités différentielles, à la croisée de l'invisible et du visible. Merci à toi Jean-Pierre, d'avoir inspiré la traversée d'une intimité saisissante, dont l'intelligence s'ouvre au désir d'éternité ; un appel du cosmos pour faire signe à l'esthétique philosophique du professeur Jean-Luc Aka Evy. Peut-être, ne sait-on jamais, dans l'infini du temps qui te blottira en dehors du temps humain (dans l'au-delà ?), vivras-tu un jour cette éternité de ta trace, la trace de tes traces, en gémissant ton incapacité à guider crayon à la main ce louveteau auréolé par son innocence. Comme l'oiseau. Après quoi tu souriras, comprenant que ton inexistence terrestre n'en est pas une. Dans son sommeil, ce louveteau tentera de dialoguer avec toi. C'est là que tu lui feras don d'une petite lumière qu'il saura capter, plaise à Dieu. Poursuivons donc, Jean-Pierre, l'exploration initiatique de l'inconnu. Au firmament de la beauté, simples traces sans paroles, nous assisterons à la valse des anges, une façon d'intelliger la querelle entre l'éternité et l'infini. L'esthétique et l'éthique se célébreront. Alors, la vérité sera l'envers du destin.

Charles Zacharie Bowao,
Philosophe,
Professeur des Universités

Introduction

La trame de ce livre est autobiographique. Elle consiste essentiellement en la remémoration de mon parcours scolaire et politico-administratif, entrecoupé d'irruptions opportunistes de souvenirs d'enfance, liés notamment aux parents et aux grands-parents.

Certes, cette imbrication de la description du parcours d'avec la remémoration du passé ne facilite pas la lecture en l'absence, par ailleurs, d'une problématique directrice, comme si c'était un essai. Il reste toutefois constant que cette replongée dans le passé m'aura permis de comprendre et d'expliquer certaines attitudes, choix et options que j'ai été emmené parfois à prendre.

Je pense que toutes les sociétés sont généralement ouvertes, diverses et fracturées. La construction d'un idéal de soi est donc, forcément, un processus long et complexe. Dans la société congolaise, tout se mélange : famille, amitiés, ambitions, carrières professionnelle et politique. Ces situations sociales se chevauchent régulièrement, rendant difficile la singularité des parcours. Dans ces conditions, les enjeux de la vie publique et de l'engagement citoyen ne s'envisagent plus autrement que politiciens et combines, quand ils ne sont pas violence et corruption. Les valeurs républicaines reçues en héritage ou construites au contact d'autres cultures se perdent, les convictions se brouillent et ne sont plus en rapport avec l'ordre éthique de l'engagement initial. Toute résistance aux antivaleurs et à la culture dominante du scandale assumé devient imposture et trahison. On ne sait plus.

Tel est le sens de toutes les interrogations qui fondent la trame d'un livre qui est un retour aux sources, un hommage à cette vie de simplicité, de courage et d'honnêteté, de l'effort et du travail acharné, du mérite et de l'espoir ; valeurs que la majorité des

Congolais reconnaît aux anciens, notamment à ceux qui les ont élevés, valeurs perdues au détour d'une révolution inachevée et d'une indigestion démocratique dévastatrice.

De ce point de vue, ce livre confère un caractère de recherche introspective de la dignité et de l'engagement sacerdotal des années soixante, années des luttes des indépendances, des proclamations idéologiques fondées sur des convictions fortes, années de constructions difficile de notre identité nationale.

Enfin, ce livre est un mélange de souvenirs, d'expériences, de prise de position sur les débats politiques au sein de la société congolaise, mais aussi sur des questions existentielles comme la vie et la mort. Il n'y a, cependant, aucune opposition entre les différents sujets abordés. Cette histoire racontée d'un seul tenant est une exhortation, la recherche d'une unité sociale à construire entre l'héritage culturel, les convictions et les réalités politiques de mon pays.

La rencontre

Que dire, pour commencer ce livre ? Je suis un adepte de la marche que je considère comme le seul sport adapté à mon état physique. C'est au cours de cet exercice que je fis la connaissance d'une vielle femme qui, le visage tendu à l'extrême, le front humide de sueur, les veines du cou gonflées par l'effort, avait du mal à remettre sur son dos le panier des champs après une pause bien méritée.

Il était 17h. Elle sortait des plantations qu'elle avait certainement dues sillonner toute la journée pour faire son marché, afin de nourrir son corps usé par tant d'années, à la vue duquel s'installe inévitablement un sentiment de compassion, mais également de honte devant tant d'efforts à fournir pour se nourrir, alors que je faisais du sport pour perdre des kilos en plus.

Je ressentis immédiatement une certaine gêne et engageai la conversation pour me libérer de cette impression bizarre par un « salut maman ! » Elle répondit : « Dieu ! Que c'est lourd mon fils ! »

Et, sans attendre ma réponse, elle poursuivit son monologue en ces termes :

« Ton père est sous terre depuis longtemps, nous avons eu dix enfants dont quatre l'avaient précédé, les six autres se sont éparpillés et ne s'occupent pas de leur vieille mère. »

Avant que je n'eusse le temps de compatir, elle continua sur sa lancée pour décrire l'ingratitude des enfants, sa peine, mais aussi son amour toujours intact pour sa progéniture ; cet amour maternel qui interdit toute critique envers ceux qui sont « sortis de son ventre ».

Nous étions le 30 décembre 2010, la veille de la Saint-Sylvestre. Un sentiment de culpabilité m'étrangla. Je finis par dire quelque chose du genre :
« Ce n'est pas grave maman. »

Avant de reprendre ma marche, fuyant une culpabilité qui gagnait en intensité au fur et à mesure que je m'éloignais de la vieille femme, je me mis à fouiller les poches à la recherche d'un billet de banque, je n'avais rien sur moi. Je demandai à mon compagnon de marche de rattraper « Maman » pour lui demander de passer à mon bureau le lendemain. Je l'aperçus de loin hocher imperceptiblement la tête, elle n'est jamais venue.

Je parcourus les dix kilomètres qui me restaient pour atteindre le point d'arrivée sans ressentir l'effort physique habituel, pas que je n'en fournissais pas, mais parce que j'étais ailleurs, hors de moi. Je retrouvai ma maman, la mienne, celle du ventre de qui j'étais sorti. Celle qui, à quinze ans, avait ressenti, pour la première fois, les douleurs de l'accouchement en mettant au monde son premier fils. Les souvenirs affluèrent, en désordre, avec une clarté et une intensité étonnantes, alors que trente-neuf ans s'étaient écoulés depuis son décès.

Souvenirs d'enfance

J'avais cinq ans d'âge, j'étais perché sur un arbre avec un couteau. Je voulais cueillir une noix de coco, je glissai et tombai. Je venais de m'arracher un morceau du bras gauche. Le sang coulait à flot, j'avais très mal, j'ouvris les yeux, je sentais que j'allais perdre conscience. Le visage de ma mère apparut, ses bras me tenaient. Elle pleurait, sa présence avait envahi tout mon être. Je n'avais plus mal, je sombrai.

J'avais six ans d'âge, mon père était chauffeur, pas n'importe lequel, car il conduisait une autorité politique nationale. Il avait donc un statut particulier dans cette société congolaise naissante. La République venait d'être proclamée. J'étais un enfant privilégié, je venais d'être inscrit à l'école primaire Saint Michel de Ouenzé[1].

C'était mon premier jour de classe, ma mère pleurait, elle tenait contre elle mon petit frère et portait ma sœur qui venait de naître. Elle avait peur pour son fils aîné. Sa détresse était manifeste puisqu'une distance s'installait désormais entre eux et moi. Je ne comprenais pas, mon père m'entraînait inexorablement vers mon destin, tandis que mon cadet essayait de s'interposer et de me retenir. Ma mère, elle, continuait de pleurer.

Les évènements de 1959

J'avais sept ans. J'étais à l'étroit, dans le noir, avec mon père, ma mère, mes deux frères et ma sœur. Nous nous étions cachés dans le plafond de notre maison. Ma mère était couchée avec le plus jeune de mes frères et ma sœur à ses côtés. Mon père me surveillait, le doigt sur la bouche. Il me fit signe de me taire. On entendait des pas dans la maison, des gens nous cherchaient et criaient : « Où sont-ils cachés, ces nordistes ! » Des voix que j'identifiais pourtant : des voisins, des amis de papa avec lesquels il se retrouvait chaque dimanche pour discuter et boire. Il faisait chaud, les moustiques s'en donnaient à pleine joie. J'avais mal. Tout le monde avait mal. J'avais faim, tout le monde avait faim, sauf peut-être notre dernier frère, accroché au sein de maman.

Nous étions en 1959, je marchais à côté de mon père qui portait sur ses épaules un de mes frères, l'autre sur sa poitrine. Ma mère avait attaché ma sœur sur le dos avec un pagne. Nous courions ou plutôt papa et maman couraient, alors que je m'accrochai à mon père. Ma mère tremblait. Deux heures plus tôt, les voisins, les amis de papa, pas ceux qui nous cherchaient pour nous faire du mal, mais d'autres, de la même ethnie « Laris » qui, tard dans la nuit, nous apportaient à manger,

---

[1] Quartier de Brazzaville.

étaient venus nous prévenir du danger imminent, parce que l'un des leurs qui, je l'appris plus tard, convoitait notre maison, avait dévoilé notre cachette. Nous habitions alors Moungali.² Nous devions fuir à Poto-poto³, vers les nôtres.

Mon père ne tremblait pas. D'une voix étouffée, affaiblie par l'effort, mais ferme, il demanda à maman de garder le rythme. Elle pleurait. Elle n'avait pas arrêté de pleurer depuis cinq jours. Les arbres défilaient comme des monstres. Il faisait très noir. Mon frère et moi jouions à nous faire peur, la rue Mbochis était proche.

La rue Mbochis, plus précisément au pont de Madukutsékélé⁴, au croisement des quartiers Moungali, Ouenzé et Poto-poto, lieu privilégié pour jouer au « téléphone » quand nous rentrions de l'école. Le pont était, en effet, protégé par des rambardes en tubes de fer qui nous servaient à jouer, à nous hurler dans les oreilles de part et d'autre, les uns à Ouenzé, les autres, selon les options, à Poto-poto ou à Moungali.

Papa avait tendu l'oreille pour se rassurer. Il demanda à maman d'attendre dans le noir, avant de nous faire signe. Nous longeâmes le cours d'eau, le pont de la rue Mbochis était devant nous. Cette rue qui annonçait le passage de Moungali à Poto-poto était, pour nous, synonyme de délivrance et de sécurité.

Le présent

J'ai entendu quelqu'un crier ; mon compagnon de marche qui est mon agent de sécurité essaie, depuis un moment, de stopper mon élan. « J'ai marché tout ce temps, comme un somnambule », me dit-il. J'ai réalisé que j'avais parcouru cinq kilomètres, absorbé dans mes souvenirs. J'ai repensé à la vieille femme, à « Maman ».

---

² Quartier de Brazzaville.
³ Quartier de Brazzaville.
⁴ Cours d'eau qui traverse les quartiers Nord de Brazzaville.

Mon dernier souvenir m'interpellait sur le sens à donner à cette séquence de ma vie enfouie, jusque-là, dans mon subconscient et qui ressurgit de manière aussi inattendue. Pourquoi ? Y avait-il un rapport entre cette histoire et mes choix actuels ? Je me promis de prendre le temps d'y réfléchir.

- Qu'est-ce que « Maman » a pensé de ma proposition ? Demandai-je à mon compagnon.
- Elle a demandé qui tu es, me répondit-il. Quand je le lui expliquai, elle haussa les épaules avant de poursuivre sa route.

Les responsabilités

Je suis préfet du département du Niari, au Sud du Congo, mon pays. Ma mission consiste à garantir l'exécution des programmes de développement conduits par le Gouvernement de la République dans mon département. Je suis un homme politique, ancien député, membre du bureau politique du parti au pouvoir, donc acteur et comptable du bien-être des Congolais. Je me suis demandé pourquoi « Maman » avait haussé les épaules, j'ai essayé de définir le sentiment de culpabilité qui m'avait saisi, je me suis interrogé sur le sens à donner au geste que j'avais voulu faire, j'ai eu honte.

Mon pays, d'une nature généreuse, a un sous-sol riche, sa terre est fertile, ses forêts et ses ressources halieutiques sont immenses, sa jeunesse est dynamique, sa population est enthousiaste. Ce sont là autant d'atouts qui devraient concourir à son développement et à son intégration dans le concert des nations prospères. C'est notre mission, celle de donner à manger aux Congolais, de les loger, de les soigner, de garantir la scolarité de leurs enfants, de créer les conditions d'une croissance économique qui offrent des emplois aux nombreux jeunes qui s'interrogent chaque jour sur leur avenir. C'est également notre devoir d'assister les personnes âgées, celles qui, au seuil de leurs vies comme « Maman », espèrent recevoir toute l'attention de la génération des enfants qu'elles ont élevés.

J'eus le sentiment que tel était le message de « Maman ». Cette vieille femme qui peinait à transporter sa charge au dos après une longue journée de labeur aux champs me rappelait à mon devoir de fils et aux enseignements de ma mère sur le sens de la responsabilité. Que valaient, en effet, quelques billets de banque face à la détresse de cette vieille femme ? En haussant les épaules, elle avait en réalité exprimé sa tristesse.

J'étais revenu marcher seul le lendemain. Comme à l'accoutumée, je longeai la merveilleuse route lourde en construction qui traverse Dolisie, capitale du Niari, siège du pouvoir départemental. C'est un ouvrage gigantesque qui a brisé le mythe du Mayombe, forêt équatoriale réputée impénétrable et remplie de mystères. Je suis fier de cette œuvre qui relie la ville économique de Pointe-Noire à Brazzaville, la capitale politique. Outre le rôle économique majeur qu'elle va jouer, cette route lourde donnera la liberté aux Congolais de circuler de l'océan, au Sud, jusqu'aux grandes forêts de l'extrême Nord du Congo.

Le Nord et le Sud ! Deux concepts géographiques qui sont sortis de leur contexte pour devenir des lieux politiques, à l'origine des conflits récurrents que leurs ressortissants se livrent régulièrement pour le « contrôle du pouvoir ». Mes parents, originaires du Nord, ont ainsi dû faire une course effrénée pour traverser la rue Mbochis et sauver leur progéniture de la colère des sudistes.

Ce pays comporte plus de 52 ethnies, mais OPANGAULT et YOULOU, les deux principaux acteurs politiques des indépendances, l'un originaire du Nord, l'autre du Sud, ont cristallisé les enjeux politiques, divisé artificiellement le Congo en Nord/Sud et installé les Congolais dans une appartenance géo-ethnique de fait.

Je revois la souffrance de ma mère portant sa fille à califourchon, effort ultime pour traverser la rue Mbochis, pour passer à Poto-poto et retrouver la sécurité des siens. Longtemps après, je me suis souvent demandé si ceux qui fuyaient les quartiers Nord pour se réfugier dans les quartiers Sud avaient une rue lari à traverser. Aujourd'hui encore, cette question des frontières ethniques de nos villes me perturbe.

J'avais déjà parcouru la moitié de la distance habituelle, toujours perdu dans mes pensées. Finalement, je crois que cette rupture avec la réalité m'aide à contenir la fatigue de cet exercice que je m'impose. J'arrive ainsi à parcourir trente kilomètres par semaine, pour un homme de mon âge, ce n'est pas rien.

Autour de moi, la nature est magnifique. Les travaux de terrassement de la route ont taillé les collines qui surplombent Dolisie, faisant ainsi apparaître les couleurs exceptionnelles des formations rocheuses qui tranchent avec les nuances du vert foncé des forêts, le vert citronnelle des savanes, le jaune et le violet des fleurs sauvages. La route n'est pas encore livrée, elle nous appartient, mes compagnons de marche et moi. Les seuls véhicules qui y circulent sont ceux des sociétés qui exécutent les travaux. Les seules personnes que l'on croise sont les paysans qui reviennent des plantations.

Je pense toujours à « Maman » en me demandant comment devrai-je l'aborder la prochaine fois. J'ai envie qu'elle me raconte sa vie. J'ai comme un besoin vital de connaître les détails d'une existence qui, pourtant, j'en suis sûr, ressemble à tant d'autres rencontrées au détour de mes précédentes « vies » de cadre du développement rural en qualité d'ingénieur des eaux et forêts, de député national d'une circonscription rurale et, aujourd'hui, de préfet dont les tournées préfectorales ressemblent étrangement aux « descentes parlementaires ». Les mêmes rencontres de femmes allant ou revenant des champs, des hommes accompagnant leurs épouses ou allant à la chasse, à la pêche ou à la récolte du vin de palme, des hommes et des femmes qui, du Nord au Sud, partagent le même destin.

Toujours Nord/Sud ! Jamais Est/Ouest. Je me demande si les quatre points cardinaux ont un sens dans mon pays.

Je suis presque arrivé au bout de mon effort pour aujourd'hui. Le parfum particulier de la forêt, transporté par le vent qui s'engouffre entre les collines, m'envahit, m'inonde et calme la douleur de mes muscles endoloris. J'aime les senteurs de cette nature sauvage, hier encore vierge, blessée aujourd'hui par cette route porteuse de modernité qui la pénètre et la transfigure. Je me sens en harmonie avec ces paysages de rêve qui me rappellent la finitude de l'homme et m'interpellent sur nos prétentions à les modifier, à les modeler selon nos besoins.

Il n'y a pourtant pas de choix, sauf d'accepter que « Maman » hier, aujourd'hui, demain et toujours, continue à s'échiner. La modernité est une exigence : apporter des engrais, améliorer les semences, mécaniser la production, transformer les produits, transporter la production agricole sur cette route lourde en construction vers les grands centres de commercialisation est l'une des options possibles pour augmenter les revenus de « Maman », améliorer sa vie et soulager ses peines. Je pourrai discuter de tout cela avec elle, lui expliquer la raison de cet important investissement, mais dans quelle langue ?

Un groupe de paysannes, lourdement chargées, avance vers moi, pendant que je me relaxe et essaie de reprendre mon souffle. L'une d'elles ressemble à « Maman », mais sa silhouette est plus lourde, je dois encore attendre. Pendant que le groupe s'éloigne, j'imagine le travail qui leur reste à accomplir une fois arrivées dans leurs maisons respectives avant d'espérer le repos et encore ! Tel est, me semble-t-il, à quelques différences près, le destin que partage la majorité des femmes au foyer.

La fuite

Nous avions fui Brazzaville de nuit, cinq jours après avoir traversé la rue Mbochis, dans un camion bondé de voyageurs épouvantés par ce qu'ils venaient de vivre. Les drames individuels alimentaient les conversations de ce long voyage sur cette route dite du Nord, impraticable et tellement dangereuse que la marche à pieds paraissait nettement plus sûre que le voyage par camion.

Pour les enfants que nous étions, c'était la grande aventure. Nous n'avions véritablement pas conscience de la gravité de la situation, malgré les horreurs des récits que racontaient nos compagnons de fortune. Les enfants étaient plutôt émerveillés par la découverte de l'inconnu, une excursion en pleine année scolaire, des vacances avant terme. Les parents nous avaient dit que nous partions retrouver nos grands-parents, oncles, tantes, cousins et cousines que nous ne connaissions pas, que la vie était belle au village, que nous irions à la chasse, à la pêche et à tant d'autres activités qui n'existaient pas en ville.

Notre mère était toujours recroquevillée au fond du camion. Souvent silencieuse, elle n'ouvrait la bouche que pour nous réprimander. Je crois que cela la rassurait de continuer à assumer son rôle de mère et d'éducatrice, même si, j'en suis certain aujourd'hui, ce retour vers ses origines l'inquiétait et la fragilisait. Elle n'avait que quinze ans de plus que moi, l'âge de certaines filles que nous avions dans ce convoi de la mort, qui jouaient avec nous.

Les origines

Assis sur une natte à même le sol, nous mangions nos bols de nourriture du soir que notre mère, éclairée par une lampe luciole à la lumière ternie par la qualité du verre, nous avait distribués mes frères, ma sœur et moi. Elle suffoquait et larmoyait à cause de la fumée produite par le foyer de cuisson, comprimée dans cette hutte qui nous servait de salle à manger.

Notre grand-père, maître des lieux, s'assurait toujours que ses petits-enfants, venus de la ville des Blancs, ne manquaient de rien. Nous avions même droit à de vrais matelas bourrés avec des pailles séchées qui nous torturaient toute la nuit, car grand-père refusait de nous voir dormir, comme tous les autres enfants, sur une natte.

Mon père avait perdu les réflexes de villageois, il passait ses journées allongé sur une chaise de relaxation et entouré d'un auditoire attentif au récit de ses aventures à Brazzaville. Ma mère, comme toutes les femmes du village, avait la responsabilité de nourrir la famille. Ce fut une période difficile pour elle. Il lui fallait beaucoup de courage pour se replonger dans une organisation où la femme était au cœur de la gestion de l'essentiel du cycle de la vie. Elle était à la fois productrice de denrées alimentaires, garante du bien-être des siens, éducatrice, etc.

J'avais aimé ces vacances qui se prolongèrent. J'avais découvert des jeux nouveaux auxquels je m'adonnais à cœur joyeux, malgré les protestations de mon grand-père qui voulait absolument m'initier aux affaires du village et aux mystères de la forêt en ma qualité de premier des petits-fils du chef de terre. D'après lui, ces enseignements devraient me préparer à mes responsabilités de successeur désigné. Je crois que dans l'esprit de mon grand-père, dont je porte le nom, nous étions venus pour nous établir définitivement au village, et dans ces conditions, mon destin était scellé.

Je devais pourtant repartir. Il n'était pas concevable, pour mon père, que son fils aîné ne poursuive pas ses études à Brazzaville. Une telle éventualité serait un échec, même si, comme le lui hurlait ma mère qui ne voulait pas laisser son fils repartir à Brazzaville, puisqu'il y avait des écoles au village. Aujourd'hui encore, je me demande si mon retour n'était pas une garantie de son propre retour, lorsque me reviennent à l'esprit certaines disputes entre grand-père et son fils aîné.

Ma mère ne me quittait pas des yeux depuis que papa avait pris sa décision. Je faisais l'objet d'une attention particulière qui me gênait devant mes copains de jeu pour qui, à l'âge où s'affirme la virilité des garçons, il est impératif de s'éloigner du monde des mamans pour celui des papas. Je sentais confusément le chagrin de ma mère. Cette séparation obligée, la première depuis ma naissance, lui était insupportable. Cette longue absence donna lieu à une relation particulière, une espèce de complicité entre ma mère et moi, comme un besoin de se faire pardonner, que mes frères et sœurs considéraient toujours comme une forme de favoritisme.

C'est à cette époque que je fis la connaissance de ma deuxième maman, la grande sœur de ma mère, son aînée de six ans, la seule sœur « de même mère et de même père ». Elle appelait cette grande sœur Nhya, nom affectif employé pour désigner une mère adorée. Je n'eus pas le temps de comprendre les raisons de cette relation visiblement fusionnelle, entre ma mère et sa grande sœur.

Le départ pour Brazzaville

Je devais dire au revoir aux miens, repartir pour aller poursuivre la mission que papa m'avait prescrite, celle d'inscrire son nom dans les annales de l'histoire de son pays, exigence de réussite généralement partagée par tous les pères pour leurs progénitures. C'était sûrement le destin que de nombreux paysans et ouvriers analphabètes avaient souhaité pour leurs enfants à cette période postcoloniale.

Ma mère pleurait comme d'habitude, elle ne faisait même pas attention à ma sœur qui criait pour accéder au sein maternel. Mes petits frères me tenaient, chacun, par une main. Papa et grand-père se disputaient, chacun voulant me soulever pour me faire monter dans le camion dont le chauffeur pressé prenait plaisir à klaxonner. J'étais parti, moins affecté que je le croyais, plutôt content, avec la pensée de retrouver l'école, ainsi que mes camarades de classe et du quartier. Le village disparut, je fermai les yeux et m'endormis.

Quand je me réveillai, nous traversions Makoua, au pays des Makouas, puis venait Owando chez les Kouyous avant d'atteindre Oyo, au pays des Mbochis. Lors de notre fuite, pendant que nous attendions le « bac » retenu sur l'autre rive du fleuve Alima, je m'étais étonné de constater que nous n'étions pas encore arrivés à destination. J'avais posé la question à mon père. Il ne répondit pas, les images des atrocités de la guerre civile trottaient encore dans sa tête. En réalité, il ne savait pas comment m'expliquer les nuances entre les ethnies de sa région natale, la Cuvette, dont les habitants se comprenaient sans interprète. Mon père appartenait à la génération qui parlait plusieurs langues de la région. Il se sentait profondément mieux, comme il le disait, avec cette prononciation si particulière, caractéristique des ressortissants de la Cuvette : 'ô mbossi, ô koyo, ô sakoua, ôssi ngouoni, (Ngarés), ô mbô, ô mbéré[5]. Ce drame le poussa, de retour à Brazzaville, à nous imposer l'apprentissage de notre langue maternelle. J'avais retraversé le fleuve Alima dans le sens inverse, vers les pays Tékés, vers Brazzaville.

L'engagement

Le soleil déclinait à l'horizon et n'allait pas tarder à disparaître derrière les contreforts des montagnes. Un de mes compagnons de marche me secoua, je m'excusai auprès de lui. Je les avais fait attendre comme chaque fois que j'étais perdu dans mes pensées. Je scrutai la route, aucune femme à l'horizon. Un jour, peut-être que je verrai « Maman ». Cette idée me tourmentait.

Sans raison aucune, au moment où je montais dans le véhicule, mes pensées me conduisirent vers mon parcours politique.

J'ai toujours aimé débattre, participer à des réflexions sur les sujets de société, partager mes doutes et me convaincre de la pertinence des choix que je fais, sans trop me prendre au sérieux bien sûr et laisser des ouvertures pour des remises en cause inévitables. Je crois que c'est pendant ma formation d'ingénieur que j'avais véritablement commencé à m'engager en politique. Au lycée, je participais aux mouvements de grève et aux marches de protestation qui étaient monnaie courante à cette époque. Mais, j'ai le sentiment que j'accompagnais beaucoup plus par enthousiasme cette animation politique, spectaculaire

---

[5] Ethnies qui peuplent les départements de la Cuvette et de la Cuvette-Ouest.

dans son organisation, et m'associais par suivisme aux actions de certains de mes camarades qui avaient, très tôt, adhéré aux mouvements de jeunesse de l'époque de la révolution populaire. Quelque chose que je n'arrivais pas toujours à m'expliquer me gênait et me bloquait, ou encore simplement, je n'avais pas l'âme révolutionnaire comme on disait à l'époque. De toutes les façons, j'étais trop jeune pour m'en préoccuper. A Leningrad, j'avais finalement fait le choix de m'inscrire dans le groupe « des autonomistes », courant proche de la fédération des étudiants africains et malgaches de France, en sigle FEANF, alors que tous les étudiants des pays des Soviets adhéraient plutôt à l'Union de la jeunesse socialiste congolaise. Esprit de révolte ou besoin de liberté ? Je ne saurais le dire.

En 1977, le président Marien NGOUABI venait d'être assassiné au Congo. C'était une période de grandes tensions entre les étudiants de l'Union de la jeunesse socialiste congolaise et ceux de ce courant venu d'Occident capitaliste. Je ne partageais pas toujours les thèses maoïstes et trotskistes qui y étaient développées. J'étais plutôt imprégné de la pensée de Lénine et des bolcheviks, ainsi que de la justesse de leurs analyses, l'environnement dans lequel j'étudiais y contribua, même si, parfois, la réalité sur certains aspects de l'organisation sociale communiste me rebutait. Ce qui m'attirait dans ce courant qui commençait à prendre corps dans le pays de Lénine, c'était la liberté des débats, l'esprit de contradiction poussé à l'extrême, esprit qu'on ne retrouvait pas toujours dans le mouvement unique de la jeunesse congolaise.

Cette liberté d'esprit me conduisit, dès mon retour au pays, devant la commission de contrôle et de vérification du parti, pour y obtenir un certificat de moralité avant toute démarche de formalités pour le recrutement à la fonction publique. J'étais sorti de cet interrogatoire abasourdi par ce que j'avais entendu. Au moment où j'écris ces lignes, la personnalité qui dirigeait cette structure redoutable, à l'époque, a fait le grand écart ; il est devenu pasteur.

J'avais raconté à des copains, qui attendaient leur tour, le calvaire que représentait cette épreuve de vérité. Nous étions jeunes et heureux de nous mettre au service de notre pays. Nous ne nous attendions pas à subir un tel lavage de cerveau. Nous nous étions sentis trahis, en même temps, nous étions convaincus qu'une telle discipline exigée pour mériter de la République ne tiendrait pas longtemps. Nous n'avions pas tort.

Après le réajustement révolutionnaire de 1979, j'avais été sollicité pour rejoindre, en qualité de chargé des études économiques, le secrétariat général du Parti congolais du travail. C'était un privilège à l'époque.

En effet, la structure était au cœur du contrôle de la gestion du parti-Etat. C'était dans ce temple que passaient les dossiers les plus pointus sur la vie du pays. Les sommités du pouvoir y étaient reçues chaque jour et de grandes décisions y étaient prises. J'avais pris goût aux débats politiques organisés régulièrement par le camarade Camille BONGOU, responsable de cette importante structure politique. De lui, j'avais appris la rigueur au travail et le sens de la responsabilité collective. Pourtant, même dans ces lieux où siégeait le pouvoir politique de l'époque, je n'avais pas ressenti le besoin d'adhérer au parti unique, alors que la majorité des cadres qui y travaillait ne pensait qu'à posséder la carte de membre du parti, considérée en son temps, comme le sésame de toute carrière administrative et politique. Encore une fois, j'avais besoin de préserver ma liberté.

Après un bref séjour comme directeur des études et de la planification dans mon ministère d'origine, j'avais poursuivi ma carrière dans les structures politiques en qualité de conseiller économique du commissaire politique du Kouilou, l'équivalent du préfet avec des pouvoirs plus étendus. Dans cette nouvelle fonction, ma liberté de parole dans le traitement des dossiers qui me paraissaient beaucoup plus techniques que politiques, mon manque de réserve sur des sujets réputés sensibles ou carrément mon manque de conviction révolutionnaire, comme certains de mes collègues me le reprochaient, avaient fini par me rattraper, mettant en difficulté Alphonse FOUNGUI, mon chef.

En effet, suite au Conseil d'administration d'une entreprise d'Etat où il était question d'une motion de soutien politique, rituel qui habituellement ponctue les réunions politiques, j'avais été mis en congé de la République pour avoir proposé, soutenu par deux autres administrateurs dont un Européen, de nous en tenir aux formes de délibérations traditionnelles des assemblées d'évaluation annuelle sur les performances de gestion de l'équipe de direction. Le ministre, président du Conseil d'administration, qui renégociait son maintien au gouvernement rapporta nos propos en les déformant, car il était obnubilé par une ambition qui finit d'ailleurs par le tuer. D'après le ministre, nous aurions délibérément refusé de faire allégeance au pouvoir. La sanction fut immédiate. Mon chef reçut l'ordre de me relever de mes fonctions. Je venais de faire connaissance avec ce qu'on nommerait, plus tard, l'intolérance politique. J'avais trente-quatre ans.

En 1986, j'étais resté quatre ans au chômage, je ne vivais que de petits boulots, mais j'étais toujours optimiste. Je suis positif de nature. J'aurais pu être tenté par l'aventure hors de mon pays, s'il ne m'était pas parvenu une interdiction de quitter le Congo, et puis, je venais de fonder une famille. Je ne souhaitais pas m'éloigner de mes deux enfants encore tout petits, encore moins de leur maman. Je continuais, cependant, à fréquenter les milieux politiques et à discuter avec mes anciens collègues qui se prétendaient non seulement experts, mais également rouges.

Je repris le service grâce à Vieux NOUMAZ qui me nomma ingénieur-conseil dans un bureau d'études dénommé Société d'ingénierie et de maintenance industrielle, SIMI en sigle, qui dépendait du ministère de l'Industrie dont il avait la charge. De son vrai nom Ambroise Edouard NOUMAZALAY, Vieux NOUMAZ était un grand frère de Poto-poto et une grande figure politique de ce pays. Il était, disait-il, séduit par ce qu'il considérait comme une construction inachevée (l'expression était de lui), une pierre brute comme on dit ailleurs. Une année plus tard, intervint le célèbre discours de La Baule qui annonça le retour de la démocratie dans les pays du pré-carré français et le début des Conférences nationales souveraines.

J'affirme souvent, malgré mes fonctions dans les structures politiques du monopartisme, que c'était à ce moment-là que j'étais véritablement entré dans le monde de la politique, notamment comme cosignataire de la « lettre ouverte » qui, de l'avis de nombreux observateurs, avait déclenché la Conférence nationale souveraine. J'aurais pu en être fier, puisque je retrouvais là un contexte de liberté d'expression qui correspondait le mieux à mon tempérament. Mais, en fait de souveraineté et d'organe fondateur de la nouvelle historicité prônée par nombre d'entre nous, en tout cas par ceux qui s'y étaient engagés avec conviction, la Conférence nationale était devenue un gros piège où la malice politique l'emporta sur l'élaboration des codes de gestion de cette ère qui s'annonçait pleine d'espoir pour les Congolais et pour les démocrates.

Le parcours des partis politiques nés de cette embrouille se confond avec celui de nombreux cadres, à la recherche du verbe perdu de la démocratie naissante. Je fais partie des cadres politiques qui ont pu être taxés d'instables par les caciques du pouvoir défunt, nostalgiques d'un système réputé plus sûr, ou par les forces dites de changement, en grande partie responsables de l'éclatement ethno-régionalisé du système politique actuel, à l'origine des graves crises qui ont marqué la vie politique post-conférence nationale.

J'ai conscience, en écrivant, de prendre un raccourci dans l'évaluation des faits d'une période qui fait encore l'objet de nombreuses études, et que, mes camarades et moi, nous avions commencé à aborder dans le cadre des travaux de la refondation politique et institutionnelle initiée par le Club K'Munga que nous venions de créer. La publication de nos travaux dans la revue « Analysis » que nous animions participait de ce besoin de comprendre ces années du conflit permanent. En effet, alors que les Congolais attendaient des politiques de les réconcilier avec la vie démocratique, ils avaient vu surgir du chaos des débats rétrogrades de ce qui aurait dû entrer dans l'histoire comme un grand moment de délibération nationale, des antivaleurs et des replis identitaires, à l'opposé de l'unité nationale proclamée par les conférenciers. Sans épuiser le débat, je pense, néanmoins, qu'il était du devoir des cadres qui s'étaient fortement impliqués à cette époque et qui s'étaient désengagés, par la suite, de s'interroger sur leur responsabilité historique dans la déconstruction de cette grande ambition politique souhaitée par la majorité des Congolais qui avait pris des risques énormes à l'époque de la toute-puissance du monopartisme et s'était mobilisée pour rendre possible la tenue de la Conférence nationale voulue justement souveraine. Et pour cause !

Cette inconséquence politique, pour le dire dans le langage de l'époque, en grande partie partagée, était, de mon point de vue, une des raisons qui avaient fragilisé le processus démocratique et conduit notre pays à la guerre civile de 1997.

Nous étions sortis de cette épreuve avec un tissu social déchiré. Tout était sens dessus, sens dessous. Une ambiance d'une incroyable violence paraissait s'installer durablement, y compris de la part des cadres habituellement pondérés qui donnaient le sentiment d'avoir perdu toute réserve. C'est le moment que choisit Vieux NOUMAZ de me faire chercher pour, disait-il, rentrer à la maison c'est-à-dire adhérer au Parti congolais du travail (PCT). J'acceptai cette main tendue d'un ancien pour qui j'avais toujours ressenti un profond respect. Vieux NOUMAZ connaissait, mieux que quiconque, mon parcours politique, notamment l'épisode de la primature, où je devins conseiller spécial du Premier ministre David Charles GANAO, suite à un accord implicite sur les enjeux politiques complexes de cette époque entre ce dernier et la villa du Méridien[6].

Les personnalités de l'opposition qu'étaient NDALLA GRAYE, TASSOUA, BOKILO, MOUSSA, DJOMBO, MIERASSA et autres, quelques jeunes comme ENTCHA-EBIA, IBOVI, OPIMBAT, BANAGANDZALA et moi-même, se retrouvaient chaque matin dans cette villa où se construisait, sous la direction de Vieux NOUMAZ, une grande partie de

---

[6] Domicile de Pierre NDZE que nous avions transformé en siège de l'opposition.

l'histoire démocratique de notre pays. Les camarades échangeaient, discutaient, arrêtaient des stratégies et prenaient de grandes décisions. Toutes les grandes figures de l'opposition s'y rendaient et partageaient des réflexions sur toutes les questions en rapport avec les problématiques politiques de cette période difficile. Ces lieux avaient abrité le chantier de la première tentative de rassemblement des forces de gauche dénommées Forces démocratiques unies.

Les élections étaient proches, il y avait des rôles à jouer. Je fus désigné. Encore une histoire d'appartenance linguistique et géopolitique en rupture avec mes convictions personnelles. Cette séquence de mon engagement, dont les termes n'étaient connus que de quelques initiés, avait laissé des traces. La guerre civile était venue déconstruire toute la démarche. Une autre vie, une autre histoire, mais surtout, une expérience pénible.

Après mon admission au parti, j'intégrai une cellule de réflexion que Vieux NOUMAZ venait de créer pour lancer le débat sur la refondation de la vie politique congolaise. Aujourd'hui, quatorze ans après, ce débat n'est toujours pas épuisé. Vieux NOUMAZ s'en est allé sans le conclure, après un ultime effort qui, pour ses nombreux amis et petits, était à l'origine de cette grande fatigue qui l'avait gagné après ce congrès terrible de 2006. Je lui suis reconnaissant pour cette confiance jamais remise en cause.

En effet, malgré ses grandes colères, ce grand frère, au rire contagieux, finissait toujours par s'en tenir au principe de tolérance qui l'avait guidé durant toute sa vie politique et qu'il nous a laissé en héritage. Il disait, chaque fois qu'un arbitrage politique était sollicité sur le sort d'un camarade en rupture avec le courant majoritaire, que : « le parchemin universitaire donne certes une base intellectuelle confortable, mais un cadre politique est surtout, le résultat d'un long et difficile apprentissage des codes de l'engagement au service d'un projet collectif et d'une cause supérieure. Quand on a réussi à en former un, il ne faut pas le perdre. Il faut au contraire poursuivre son éducation politique, accompagner ses efforts, encadrer son parcours et faire émerger tout son potentiel pour le mettre au service des camarades et de son pays. »

Vieux NOUMAZ nous a quittés au moment où il voulait, enfin, se consacrer à l'écriture de ses mémoires. Cette triste expérience a, en partie, inspiré ma démarche. Il nous manquera toujours.

Le klaxon du véhicule qui négociait un passage avec les jeunes imprudents qui voulaient traverser la route me sortit de mes souvenirs. Il fallait rentrer, il était tard. La patience de mes compagnons de marche avait des limites. L'air était doux, c'était un soir de lune dont la clarté du croissant dans le ciel me rappelait le souvenir d'une nuit passée dans un village du district de Banda où les populations m'avaient généreusement ouvert leurs portes. Allongé sur une chaise longue, je scrutais le firmament et pensais à une existence tranquille, au rythme de cette hospitalité légendaire dont seuls les paysans détiennent le secret. Cette simplicité dans l'accueil et cet élan de partage, « le cœur dans la main », ne cesseront jamais de me surprendre. Pourquoi pas, me dis-je, ne pas m'octroyer un mois sabbatique pour vivre comme ces ruraux, partager leur quotidien, me faire adopter, marcher dans la forêt, respirer l'air pur, savourer les fruits sauvages, me baigner dans la rivière, redécouvrir le plaisir d'une vie sans histoire. C'était là un doux rêve. Ma réalité, elle, n'avait rien d'amusant.

Le retour de l'exil intérieur

En 1961, deux ans après moi, mes parents regagnèrent Brazzaville. La famille s'était élargie, une autre fille était née. Maman semblait être épuisée par des maternités successives, cinq enfants en dix ans. Elle donnait l'impression d'une paysanne précocement vieillie par les deux années qu'elle venait de passer à labourer les champs. Elle n'avait à peine que vingt-trois ans. Aujourd'hui, alors que j'en ai presque soixante, que je suis père de neuf enfants et que j'observe mon épouse se dépatouiller à quarante ans avec des enfants qui ont l'âge que j'avais à l'époque, je m'interroge sur cette force intérieure d'où elle puisait l'énergie nécessaire pour assumer son rôle de mère, malgré son jeune âge.

Mon père, lui aussi, semblait être perdu. Il avait du mal à retrouver ses repères. En réalité, il ne savait pas par où commencer. Il était sans emploi, notre maison avait été détruite. Il aurait dû écouter grand-père qui lui conseillait de repartir seul « tâter le terrain » avant de faire venir sa famille, mais il ne voulait pas se séparer de sa femme et de ses enfants. Peut-être ne voulait-il pas tomber dans le piège de son père qui, en vérité, souhaitait garder son fils aîné à ses côtés.

J'avais, quant à moi, passé ces deux années sans véritablement prendre conscience de la situation nouvelle créée par les évènements qui m'avaient conduit à me séparer de mes parents. J'avais rempli mon devoir de fils en réussissant à mes examens de fin d'année. J'étais fier de montrer mes résultats scolaires et ne comprenais pas la frustration de mon père, obligé de vivre chez un beau-frère, ni la solitude de ma mère reléguée au rang de bonne de maison dans le foyer de sa belle-sœur.

Alors que je désespérais, m'évertuant à vouloir absolument partager mon enthousiasme avec mes frères et sœurs qui, il faut le dire, avaient pris des habitudes du village, mon père déboula un après-midi dans une voiture neuve et nous rassembla, ma mère et nous, pour nous annoncer, tout excité, qu'il était temps de repartir nous installer chez nous. Sauf que « chez nous », ce n'était plus à Moungali, mais à Poto-poto. Avec un large sourire, il expliqua à ma tante, elle aussi étonnée, qu'il venait enfin de réaliser son projet, celui de se mettre à son propre compte pour garantir la sécurité de sa famille. Un de ses cousins bien placés l'avait aidé à acquérir à crédit ce véhicule flambant neuf pour faire taxi. Il avait, dans la foulée, négocié avec le chef d'une famille de l'ethnie lari qui, ayant vécu les mêmes angoisses dans un quartier hostile, majoritairement habité par des originaires du nord, n'avait qu'une seule envie : s'éloigner le plus vite de ce quartier. Dans ces conditions, Moungali, culturellement proche de Bacongo[7], quartier habité, en grande partie, par les ressortissants du Pool, apparaissait pour ce chef de famille comme le moindre mal. Quant à mon père, cette rencontre providentielle était un signe du ciel. C'est ainsi que débuta notre seconde vie à Brazzaville. Nous partîmes habiter à Poto-poto.

La reconstruction

Mon père était heureux d'assumer de nouveau et pleinement son rôle de chef de famille. Non seulement il était devenu, par un concours de circonstances extraordinaires, son propre employeur grâce à un crédit accordé par un parent, mais plus extraordinaire encore, il venait de trouver un environnement de vie qui rassurait et le libérait de l'engagement pris devant grand-père, celui de nous ramener au village si au bout de six mois, il n'était pas installé avec ses petits-enfants ailleurs que là où il avait risqué leur vie.

Ma mère, également, prit conscience de la nouvelle situation. Elle envisageait une autre perspective, après toutes ces épreuves qui l'avaient tant épuisée et fait perdre cette légèreté de jeune fille qui la caractérisait. Elle était revenue du village avec un bébé, une deuxième fille. Nous étions donc cinq enfants. Aujourd'hui, quand j'y pense, j'ai du mal à comprendre comment elle avait pu s'en sortir. J'aurais tant voulu qu'elle soit présente, au moment où j'écris ces lignes, pour m'aider à décrire son quotidien durant cette période difficile, où tout était à reconstruire.

En effet, ma mère n'avait pas seulement à reconstruire son espace vital. Femme au foyer, ne connaissant et ne pratiquant que son environnement immédiat, elle devait trouver des repères dans ce quartier qu'elle découvrait. Pour se rendre au marché, localiser le dispensaire ou simplement la boutique

---

[7] Quartier de Brazzaville, situé dans la partie Sud de la ville.

d'approvisionnement la plus proche, elle devait se renseigner ou engager la conversation avec des voisines qu'elle croisait pour la première fois. Réorganiser ses amitiés et débuter une vie d'adulte dans un environnement nouveau, avec cinq enfants à surveiller constamment, n'étaient évidemment pas chose facile.

C'est à cette époque que je constatai l'arrivée, à la maison, des cousins et cousines. Nous étions devenus une famille africaine normale, mélange de famille nucléaire et de famille élargie. Cette situation permettait à ma mère de souffler, la gestion des enfants étant diluée dans cette espèce de responsabilité partagée. Les enfants sont considérés, dans notre culture, comme le bien commun de la famille. Les oncles, les tantes, les cousins, les cousines et d'autres membres de la famille participent à l'éducation des enfants. La famille est, en réalité, un clan. J'avais ainsi découvert, très jeune, comment par devoir, une de mes tantes avait été donnée en « ndèbè »[8] au mari de sa sœur décédée pour, paraît-il, continuer à élever les enfants de la défunte. On peut disserter comme on veut sur ces réalités d'une autre époque, il reste que, par certains aspects, ces traditions qui sont en train de disparaître, emportées par une modernité réputée universelle, avaient leurs avantages, notamment dans la construction de l'unité familiale au sens de nos cultures ancestrales.

J'avais grandi dans cette ambiance extraordinaire où se mélangeaient : les « petits papas », les « petites mamans », les frères et sœurs arrivés de partout, enfants des tantes et des oncles restés au village. Toutes ces personnes, près de vingt, s'entassaient dans quatre chambres à coucher. Cette situation, pourtant lourde à gérer, libérait ma mère qui en profitait pour redevenir coquette et retrouver une partie de son insouciance, cela plaisait à mon père.

---

[8] Terme mbéré qui désigne une femme donnée en deuxième noce, sœur de la première épouse.

L'adolescence

J'avais grandi. A quatorze ans, je commençai à prendre conscience de la réalité autour de moi. Nous étions de plus en plus nombreux dans la maison, certainement parce que le statut social de papa avait changé. Il était propriétaire de trois voitures taxis et donc patron. Il employait deux chauffeurs, deux cousins à lui, à qui il apprenait le métier et qui habitaient évidemment avec nous.

Papa avait fait construire une annexe de trois chambres pour libérer la maison principale, parce que deux autres enfants étaient nés entretemps, une fille et un garçon. Cette situation m'éloignait de plus en plus de la parcelle familiale, je préférais celle de mes nouveaux amis. Il y avait moins de monde, nous étions seuls, puisque le père d'Alfred, mon nouvel ami, était divorcé et vivait seul avec un cousin en copropriété. Nous avions transformé sa maison en lieu de rencontre et de liberté. Ma mère, soupçonneuse, s'en inquiétait et n'arrêtait pas de me faire espionner par mon cadet que nous refusions dans le groupe.

Le collège Saint Joseph, situé au Sud de Brazzaville à Bacongo, était, avec le collège Père Pierre à Ouenzé au Nord, un démembrement du lycée Chaminade, construit au cœur de la capitale. Cet ensemble d'établissements était dirigé par l'Eglise catholique. Les futurs collégiens passaient le même concours et, selon des critères qui me sont restés inconnus, l'administration scolaire répartissait les admis entre les trois structures d'enseignement. C'est ainsi que je m'étais retrouvé à Bacongo, dans un quartier qui était, non seulement très éloigné de mon domicile, mais dont la situation géographique inquiétait mes parents encore traumatisés par les récents évènements.

Ma mère voulait absolument que le chauffeur me déposât chaque matin pour me reprendre à la fin des cours. Dans mes souvenirs, je pense que ce fut la première fois que je lui avais vraiment désobéi. Je tenais absolument à profiter du parcours à pieds, avec des copains de classe, à travers les rues de Poto-

poto, les avenues du centre-ville, le chemin de « la glacière » le long du fleuve Congo. Au retour des cours, nous nous arrêtions pour observer les chevaux au club hippique situé à l'époque dans la zone présidentielle actuelle, avant de repartir vers d'autres quartiers, notamment le Plateau des 15 ans qui nous faisait rêver et qui avait la réputation d'abriter de belles filles que nous surnommions « Canons ».

Pour rien au monde, je n'aurais raté ces moments de liberté faits de blagues, de provocations et quelquefois de bagarres, mais toujours dans l'ambiance d'une jeunesse qui se rassemblait en toute inconscience, éloignée des préoccupations des adultes, désencombrée des souvenirs de la guerre civile et résolument projetée vers l'avenir.

Aujourd'hui, quand je pense à cette période, je crois profondément que nous avons reconstruit, sans le savoir, le tissu déchiré de notre société de cette époque. Nous n'avions pas les mêmes hantises que projetait dans les mémoires de nos parents le drame de cette terrible année 1959. Nous vivions ensemble, sans jamais nous interroger sur nos origines ethniques. Les seuls centres d'intérêts qui comptaient à nos yeux étaient nos propres histoires d'adolescents, nos compétitions scolaires, nos rêves des « quartiers des Blancs » du centre-ville et notre réussite dans les études.

Nous avions ainsi voyagé dans Brazzaville sans nous poser des questions, à la découverte des quartiers et de nos sens. Seules comptaient nos retrouvailles de copains au domicile de l'un d'entre nous. Partout où nous passions, les parents nous accueillaient sans s'interroger. Nous partagions leur repas, nous étions en famille. Nous avons porté cette espérance pendant longtemps ; je le pense. Car, aussi bien au lycée qu'à l'université, je n'ai pas de souvenirs d'une inclinaison de nos débats vers des sujets liés aux ethnies et autres distinctions de caractère discriminatoire.

Nous sommes devenus adultes en nous sentant pleinement Congolais. C'est pour cela que nombre d'entre nous n'ont pas compris et ne comprennent pas toujours les cristallisations ethno-régionales des années quatre-vingt-dix, avec les conséquences que l'on connaît. C'est peut-être aussi grâce à cet état d'esprit que notre génération, majoritaire dans la gestion de cette crise, a pu se donner, contre toute attente, les moyens de se sortir de ce drame, sans le concours de la communauté internationale comme cela a été le cas dans de nombreux pays qui ont connu les mêmes situations de déchirement politique.

Mais, en ces années soixante-quatre, cinq ans après le drame, ma mère avait encore peur pour son fils aîné et cédait difficilement à ce qu'elle considérait comme les caprices d'un enfant gâté. J'avais dû négocier longtemps, avant qu'elle ne me lâche. Mon père m'avait demandé de devenir le gardien de ma mère et de lui laisser assouvir sa passion pour le cinéma, particulièrement les films de production indienne qu'on appelait films indous. Je m'étais porté garant pour l'accompagner les soirs de projection, rassurant ainsi mon « vieux » qui travaillait tard. Il n'aimait pas l'ambiance des salles de cinéma et s'inquiétait de voir sa femme rentrer seule à des heures tardives. Un soir, à l'époque des patrouilles nocturnes de la milice populaire pour débusquer les ennemis de la révolution, je m'étais fait arrêter à la sortie du Cinéma lux, une des grandes salles de projection de Poto-poto. Malgré les cris de protestation de ma mère pour me sortir des griffes de la milice, je passai la nuit au cachot. Mon père ne dit rien le lendemain. A partir de ce jour, ma mère se rabattit sur une tante fraîchement venue du village et tout aussi portée sur les projections cinématographiques pour l'accompagner.

Ces longues soirées passées ensemble, devant un écran géant, pour suivre les aventures du héros qu'elle appelait « jeune homme », m'avaient laissé des souvenirs inoubliables. Ma mère sentait confusément que son petit garçon lui échappait. J'imagine qu'elle faisait de grands efforts pour essayer de comprendre mes nouveaux centres d'intérêts et mieux me conseiller. Elle ne savait pas comment aborder le sujet. Je le répète, elle n'avait que quinze ans de plus que moi. C'était à mon père de m'introduire dans le monde des hommes, encore que, là également, l'éducation qu'il avait reçue ne lui permettait pas d'aborder ce genre de sujet avec les enfants. Au village, c'est pendant la cérémonie de circoncision que ces questions étaient débattues par des notables choisis pour la circonstance. J'avais été circoncis à trois ans. Mon père habitait en ville.

Je garde de cette époque un souvenir unique des rapports que j'avais pus entretenir avec ma mère. Je revois la tendresse que ma mère exprimait pour le grand garçon que j'étais devenu, mais qui, à ses yeux, restait son petit garçon. Je me rappelle nos discussions, sur un ton inimaginable de confidence entre une mère et son fils. Je n'ai pas oublié la fierté que je ressentais de traduire, pour elle, en lingala, notre langue nationale, certains passages difficiles d'un film. J'admirais ainsi cette capacité que ma mère avait de comprendre toute l'histoire, malgré l'handicap de la langue française qu'elle ne parlait pas. Elle était, en effet, capable de raconter tout le film le lendemain avec tous les détails. Les habitants du « village de la rue Bacongos », pour la chahuter, lui proposaient quelques pièces d'argent pour qu'elle en fît le récit. Madame LEKOBA vous relatait alors toutes les phases du film projeté la veille, comme si vous y étiez.

Telle était ma mère, une femme adorable qui s'épuisait par le travail de nourrir les nombreux habitants du village que son mari avait reconstitué en pleine ville. Elle était toujours disponible pour rendre service aux parents de plus en plus nombreux qui la sollicitaient, notamment, pour intercéder en leur faveur auprès de papa, devenu le patriarche du clan. Elle était la toute-puissante madame LEKOBA, mère de onze enfants dont trois à charge. Elle avait eu sa huitième fille à vingt-neuf ans.

La tournée préfectorale

La mise en place est terminée. Quinze véhicules sont rangés. Mes compagnons de voyage, directeurs départementaux, conseillers au cabinet, officiers des forces de l'ordre, journalistes, agents du protocole et autres collaborateurs, s'activent pour y prendre place. Nous partons pour la tournée préfectorale dans ce que j'appelle « le pays profond » de mon département. Un rendez-vous annuel que j'aime, même s'il n'est jamais facile de parcourir les 1857 kilomètres qui couvrent les 14 districts de cette importante circonscription administrative.

Je dois dire que je n'avais pas été préparé aux fonctions de préfet. Une telle option n'était pas dans la grille de responsabilités auxquelles je prétendais. Je cultive une trop grande distance avec le monde agglomérer du militantisme primaire, du contact permanent avec les couches sociales et les arbitrages politiques impossibles, pour me sentir à mon aise dans des responsabilités où le populisme l'emporte sur la réflexion. Sans compter que certains cadres occupant de hautes fonctions au niveau national, originaires du département, qui considéraient le préfet comme un maillon de leur propre ambition, avaient pris l'habitude de lui imposer des choix, contre sa volonté. Il fallait expliquer, une fois, deux fois, encore et encore, les limites de l'autorité de chacun, s'opposer aux abus de pouvoirs. Quelquefois, cela donnait lieu à des conflits inutiles heureusement sans conséquences ; le plus souvent, on se comprenait. La fonction de préfet n'est pas simple !

En effet, je suis très réservé dans mes engagements, attitude que certains interprètent, avec beaucoup de raccourci, comme de l'arrogance. Je préfère généralement prendre du recul et me déterminer en fonction de mes propres convictions. Là où l'irrationalité politique, faite de passion, de passage en force, et, finalement, de ce que je nomme la culture d'apparatchik, l'emporte et positionne l'ambition, je prends le temps de comprendre, de m'interroger avant de décider. J'ai conscience que cette attitude m'a souvent desservi. Quelques amis pensent d'ailleurs que c'est en partie une des raisons pour lesquelles j'ai perdu mon mandat de député. Comme tout le monde, je tente de m'adapter. Encore une fois, ce n'est pas simple !

Heureusement, mon expérience de député, faite d'écoute et d'échanges animés avec des populations qui, souvent, me reprochaient avec véhémence les promesses non tenues, m'aurait été d'un grand secours dans mes nouvelles fonctions. Cette expérience d'intermédiaire obligé, entre les autorités nationales et les électeurs, m'a surtout permis de construire un système de médiation assez abouti pour trancher les conflits. Elle m'a servi également pour négocier l'apaisement entre des communautés ethniques venues de différentes contrées du Congo et rassemblées, de force, à Dolisie pour construire le chemin de fer Congo-océan, notamment depuis que la terre a pris de la valeur grâce à la route lourde Pointe-Noire – Dolisie – Brazzaville.

J'ai fini par aimer le contact avec les populations. J'ai appris à consacrer du temps à l'écoute des chefs de village, des notables et des sages au cours des séances pour mieux les conseiller. Mes collaborateurs, admiratifs, s'interrogent quelquefois sur mon aisance et sur cette familiarité presque naturelle qui me transforme, moi qui suis généralement très réservé en ville. Je trouve, en effet, souvent des réponses qui rassurent, même si au fond de moi-même, je reste perplexe sur des engagements dont les solutions ne dépendent pas toujours de la seule volonté du préfet que je suis. L'expérience démontre que l'autorité départementale n'est finalement, dans la pratique, qu'une interface entre les populations et le pouvoir central.

Makabana

Je pensais à tout cela pendant que la traction avant de mon véhicule de commandement escaladait avec peine la seule route, en mauvais état, qui menait vers le premier des districts que je devais visiter. Le chauffeur évita un troupeau de moutons qui traversait la chaussée guidé par un paysan méfiant, à la vue du long cortège de véhicules qui, généralement, annonce l'arrivée des autorités nationales.

Joie pour certains villageois, inquiétudes et perturbations pour d'autres ; accueil endiablé pour les badauds qui en profitaient pour faire la fête et « se faire du blé » en multipliant les danses ;

interrogations et indifférence pour les vieux désabusés et soupçonneux. Il en sera toujours ainsi, à chaque escale. On ne refait pas le monde !

J'avais, cette fois-ci, une certaine appréhension au moment où j'abordais cette cinquième tournée. J'avais déjà fait de nombreuses promesses au nom du Gouvernement à ces populations qui avaient tout perdu et qui attendaient l'aide des pouvoirs publics.

Mon pays sortait de la deuxième grande déflagration politique, plus violente que celle qui m'avait conduit, dans les conditions que j'ai décrites, dans le village natal de mes parents. Ce drame était récent, les stigmates encore visibles partout, même si encore une fois, il est important de le souligner, les Congolais refusèrent, dans leur grande majorité, comme en 1959, d'être pris en otage par les politiques. Comme en 1959, ils surent construire des rapports de solidarité au-delà des appartenances ethno-régionales et tribales dans lesquelles les politiques avaient voulu les enfermer. Cette attitude permit de sauver la Nation du péril de la partition. Mais, une fois encore, ils avaient été les grandes victimes de ce que nous pouvons dénommer la « bêtise humaine ».

On dit que le pouvoir, comme la guerre, est un révélateur. C'est un moment de vérité. La manière dont on l'aborde indique la façon dont on l'exercera. Dès ma nomination comme préfet, j'avais souhaité partir à la rencontre des femmes et des hommes qui peuplent le « pays du Niari ». J'avais besoin de ce premier contact que je considérais comme fondateur de la mission dont la feuille de route prescrite par le président de la République insistait sur la paix et l'unité nationale. J'avais besoin de savoir comment les femmes et les hommes du Niari profond, dont est originaire le président de la République sortant, guérissaient de leurs illusions. Je voulais comprendre dans quel état d'esprit ils abordaient leur existence après les années « des trois palmiers[9] », ce qu'ils attendaient du nouveau pouvoir, ce qu'ils

---

[9] Emblème du parti du président Pascal LISSOUBA.

souhaitaient pour leurs enfants, pour ces jeunes d'une génération souvent sacrifiée à l'autel des enjeux qui les avaient conduits à poser des actes graves qui les poursuivraient toute leur vie et dont, en vérité, ils n'étaient pas responsables.

J'avais été, à une autre époque, commissaire à la réinsertion économique au Haut commissariat à la réinsertion des ex-combattants, appellation consacrée pour désigner les jeunes qui avaient porté les armes de guerre et participé au conflit armé des années quatre-vingt-dix-sept à quatre-vingt-dix-neuf.

Ce projet, négocié avec la Banque mondiale, aidait au retour des jeunes à la vie civile grâce au financement de projets groupés, préalablement identifiés et approuvés par les experts du Haut commissariat. Le Niari était, avec la Bouenza, la Lékoumou et le Pool, un des départements concernés par ce programme. Je souhaitais me faire une idée sur les résultats de la réinsertion.

Comme je l'ai déjà indiqué, à une autre époque, j'avais été, pendant cinq ans député à l'Assemblée nationale, membre de la commission économie et finance. Je m'étais investi avec mes collègues de la législature pour obtenir, chaque année, des affectations budgétaires importantes dans les secteurs de l'enseignement, de la santé, de l'agriculture, notamment dans ce que nous nommions pudiquement « les zones sinistrées ». Le Niari en était une. Je souhaitais, une fois de plus, vérifier les résultats sur le terrain.

Dans les deux cas, réinsertion des ex-combattants comme réorganisation économique et sociale des zones sinistrées, les résultats sur le terrain n'étaient pas en rapport avec les budgets votés.

Pendant que j'amorçais la cinquième tournée départementale, ce constat m'interpellait. Je m'interrogeais sur notre vision du développement, sur notre pratique budgétaire, résultat souvent des arbitrages du temps politique qui conduit inévitablement à une dispersion des ressources financières. Nous appelons cette pratique le « saupoudrage ». Fort heureusement, les nouvelles dispositions budgétaires, par objectif, étaient venues corriger cette approche contre-productive de l'investissement.

J'étais arrivé à Makabana, toujours perdu dans mes remises en cause. Cette étape de la tournée me conduisit dans une ville minière qui, naguère prospère, avait sombré dans la misère à la suite d'une histoire qui, à elle seule, pouvait faire l'objet d'un livre. Chaque fois que je revisitais cette belle cité industrielle avec ses équipements en abandon, elle me renvoyait à Etoumbi, une autre cité rurale du Nord du Congo, dans le même état de désolation.

Je ne peux pas ne pas m'interroger sur ce désastre dont l'écho des propos irresponsables de ce ministre de la transition résonne encore dans toutes les têtes. Je me souviens également de la surenchère politique du gouvernement des « forces du changement » après l'accident de Mvoungouti, devenu tristement célèbre pour avoir occasionné de nombreux morts, suite à la collusion d'un « train-marchandises » de la société COMILOG contre le « train-voyageurs » du CFCO.

Ce drame avait définitivement brisé les espoirs des travailleurs d'une entreprise minière naguère prospère qui, souvent les mains nues, avaient sué sur ces chantiers pour réaliser ce qui s'abîmait là, devant nous. Ces vieux, anciens cheminots et travailleurs des mines, étaient un comité d'anciens travailleurs qui venaient toujours m'accueillir avec l'espoir fou qu'un miracle était possible, non pas pour eux, mais pour de nombreux jeunes qui traînaient à longueur de journées à ne rien faire et se livraient à des activités peu recommandées. Ce drame donnait la mesure des problèmes que rencontrent les préfets dans l'exercice de leurs fonctions.

Mon enthousiasme habituel m'avait lâché et laissé place au poids de ma charge. En effet, ma mission consistait à expliquer la politique du gouvernement, à évoquer les grandes réalisations en cours, à faire comprendre l'importance de l'ambitieux projet d'infrastructure et de construction des structures socio-économiques en chantier sur l'ensemble du territoire national.

J'avais pourtant du mal à construire une explication cohérente entre les efforts colossaux de modernisation du pays et cette réalité sociale difficile, au contact de laquelle mon discours n'avait plus de prise.

Alors, pourquoi ? Pourquoi cette impression d'impuissance, alors que, de l'avis de tous, jamais le Congo n'avait connu un programme d'investissement aussi important que celui qui était en cours ? Il y avait lieu de concilier cette grande ambition nationale avec les réalités de terrain, de trouver des solutions à cette actualité de la pauvreté qui donnait le sentiment de tourner en rond. J'avais construit mon discours sur cette base et promis d'en faire état dans mon rapport de mission.

L'espoir

En traversant le pont-rail qui enjambe le majestueux fleuve Niari, célèbre pour ses « missalas »[10], je fermai les yeux et visionnai ces paysages exceptionnels et de rêve, faits de collines inexplorées, de vallées, de chutes d'eau qui sont autant de sites touristiques à exploiter. Je revis les rivières et les fleuves, les forêts dont les nombreux produits étaient encore inexploités, les étendues de terres agricoles en friche. Je repensai à mon discours de la veille et conclus que mon pays possédait un potentiel économique énorme qui ne demandait qu'à être mis en valeur. Nous devrions créer toutes les conditions pour rendre attractif notre pays, trouver des partenaires financiers, mobiliser les Congolais et construire notre pays.

Mossendjo

Mossendjo, deuxième ville du département du Niari, était en pleine renaissance. En y arrivant, j'avais retrouvé mon moral. Là, aussi, malgré la disparition de tout ce qui faisait jadis la

---

[10] Crevettes qui sont pêchées dans le fleuve Niari, célèbres pour leur saveur ; une richesse nationale inexploitée.

fierté de cette agglomération rurale et forestière, les vestiges de cette époque, guichet de poste, banque, atelier de réparation des engins des travaux publics, structures hôtelières, étaient un atout important pour une reprise des activités économiques. En outre, la position centrale de cette ville que croisent les axes routiers Mbinda, vers le Gabon, et Yaya, vers la Lékoumou, pouvait laisser présager des lendemains meilleurs. Aujourd'hui, Mossendjo vit exclusivement des budgets de transfert. Il y a urgence à définir un plan de relance économique fondé sur les immenses richesses forestières et touristiques que regorge cette ville.

Moungoundou Sud, Moungoundou Nord

Il s'agit de deux localités rurales, à peine sorties du statut de village, résultat beaucoup plus de calculs politiciens que d'une analyse objective des conditions requises pour mériter le statut de district. Malgré le passage de la « municipalisation accélérée »,[11] il faudra encore des efforts importants pour les transformer en cités urbanisées.

Dans l'une de ces localités, j'avais arbitré un conflit entre les ouvriers asiatiques employés par une société forestière, responsables de la mort de deux jeunes gens qui circulaient à moto et les familles endeuillées. Ce drame était symptomatique de la perte des valeurs traditionnelles et d'une évolution négative des mœurs dans notre société. En effet, alors que les corps de leurs enfants décédés attendaient les hommages qui, dans nos coutumes, sont des moments qui célèbrent les morts, les familles conditionnaient le déroulement des rituels de « passage du fleuve de la vie »[12] des défunts, au payement en espèces sonnantes et trébuchantes, des dommages qu'ils avaient, avec promptitude, évalués. Même morts, ces jeunes gens n'étaient pour leurs parents qu'une source de revenus.

---

[11] Programme d'investissements lourds initié par le gouvernement pour moderniser les départements et conjurer l'exode rural.

[12] Dans la culture mbéré, on considère que l'âme du défunt affronte une épreuve redoutable qui consiste à traverser un fleuve avant de rejoindre le pays des esprits. L'échec conduit à une errance éternelle dans l'univers.

J'avais conscience de l'évolution marchande des rapports sociaux dans notre société. Je savais que cette évolution avait, par réaménagement structurel successif au contact de l'économie marchande, changé nos mœurs et détruit les liens traditionnels. Mais, je ne pouvais pas imaginer une telle perversion des coutumes dont la maîtrise est généralement revendiquée, notamment par ceux qui sont nés au village, comme une école de la vie.

Je partageais heureusement la même culture que les populations de cette localité, géographiquement située au Sud, alors que je suis originaire du Nord ; ce qui, au passage, interpelle sur la pertinence de cette répartition géopolitique Nord-Sud. J'avais donc, grâce aux enseignements de grand-père, un ordonnancement d'expressions prêtes à l'emploi pour négocier avec les protagonistes. Je m'étais engagé à rembourser le prix de la moto devenue irrécupérable et à faire respecter le deuil.

Pendant toute cette palabre, je repensais à grand-père. Je m'étais souvenu que, quelque temps après notre installation à Poto-poto, il était venu à Brazzaville pour se rendre compte par lui-même de notre situation. Je l'avais vu pendant son séjour discuter de longues nuits avec son fils. De temps en temps, il m'appelait par son nom, celui que je porte et qu'on ne prononce qu'à certaines occasions. Il me demandait de venir à ses côtés pour l'assister pendant qu'il parlait avec mon père.

Les après-midi, il m'obligeait à poursuivre mes enseignements de premier petit-fils du grand chef de terre, convaincu que nous aurions plus tard, lui et moi, le temps de la pratique. Des détails de cette période enfouie dans ma mémoire me revenaient avec une étonnante clarté, comme s'ils étaient récents. Je revoyais les gestes de grand-père, l'expression de son visage, le silence de mon père, son étonnement, l'agacement de mon homonyme qui me prenait à témoin et, comme doutant de son fils, me serrait très fort dans ses bras pour, disait-il, me transmettre par le fluide de sa transpiration toutes les connaissances contenues dans ce corps flétri. Longtemps après sa mort, mon père, alors malade, était venu vivre avec moi et me disait souvent combien son père lui manquait. Il espérait que ma formation d'ingénieur, dite cartésienne, n'avait pas totalement remis en cause les enseignements de mon enfance, surtout le souvenir des moments passés avec grand-père.

Cette étape de la mission fut très instructive, dans ce sens qu'elle m'avait ouvert de nouveaux espaces de réalisation, de nouvelles perspectives qui auraient, j'en étais convaincu, contribué à bâtir un discours sans cesse renouvelé sur la paix et la sécurité, dans un département aux enjeux tellement complexes qu'il fallait toujours faire très attention, parce que rien n'était jamais simple.

Mayoko

Mayoko est une localité en pleine expansion qui me conforte dans mes convictions sur l'avenir économique de mon pays. En effet, la présence des sociétés de recherche et d'exploitation minière de renommée internationale confirme l'existence d'importants gisements de fer dont l'exploitation couvrirait le siècle. On pourrait légitimement envisager la construction d'une cité industrielle moderne avec la perspective de nombreux emplois qualifiés. Il s'agit là d'un grand chantier qui rejoindrait les autres chantiers qui, à travers tout le Congo, fondent notre conviction et donnent un sens à notre engagement.

Mbinda

Mbinda est une autre cité industrielle qui partage le même drame que celui de Makabana. Elle bénéficie cependant des perspectives industrielles de Mayoko dont elle n'est éloignée que d'une trentaine de kilomètres. Je nourris l'espoir de voir cette cité, devenue « communauté urbaine »[13], dont le territoire se confond avec le district, intégrer celui de Mayoko et en

---

[13] Statut intermédiaire donné aux villes des départements dont les équipements ne permettent pas encore de devenir des communes de plein exercice.

constituer la deuxième ville. Une telle organisation me paraît plus cohérente.

Divénié

J'aime la tranquillité de Divénié. Chaque fois que j'y suis, je descends, dès mon arrivée, vers la rivière Bibaka en contrebas de la résidence du sous-préfet pour y tremper mes pieds, me laver les mains et me mettre, par le contact de cette eau froide qui charrie l'histoire de ce district, en harmonie avec les esprits des lieux.

C'est vrai, je suis un peu superstitieux. Je ressens toujours le besoin d'une communion avec cette nature qui nous entoure et observe chacun de nos actes. Comme je suis le chef, toute la délégation se prête à ce rituel qui alimentera, entre autres histoires, les anecdotes sur mon passage à la tête de ce département.

Divénié est un véritable bassin de production agricole doublé d'un potentiel touristique important, grâce aux incroyables chutes de Dimani. Ce fleuve peu profond, dont le sable fin et scintillant fait penser aux plages de Pointe-Noire, est à la fois un appel à la baignade et à la promenade, mais également à la méditation. La première fois que j'y étais venu, je n'avais pas pu résister au plaisir d'aller voir, de plus près, les impressionnantes chutes qui dévalaient à une vitesse ahurissante de la colline d'eau qui surplombait le fleuve. Des piroguiers nous avaient conduits, mes compagnons et moi, vers le vacarme assourdissant de ce torrent d'eau façonné par la nature. Je sentais les vapeurs d'eau sur moi, une sensation de fraicheur incroyable qui me libérait l'esprit et me redonnait force et vigueur.

J'étais heureux de me retrouver ainsi, minuscule créature, en face du grand mystère de la vie, de m'interroger sur les millénaires qu'il avait fallu à la Nature pour sculpter ces roches au contact desquelles l'eau produisait une symphonie qui ferait pâlir d'envie le meilleur des musiciens. L'harmonie des sons m'emportait et donnait un sentiment extraordinaire de paix intérieure. Ce fut un vrai bonheur.

J'avais pourtant vu d'autres chutes avant, notamment celles de Mourala, à Mossendjo, impressionnantes et profondes. Pour autant, Mourala n'a pas la magie de Dimani. A Mourala, on pense tout de suite à la construction d'un barrage hydroélectrique. Alors qu'à Dimani, on est plutôt ébloui par la beauté accablante de cette nature sauvage qui inonde chacun de nos sens. J'ai promis d'y revenir à chacune de mes missions, non seulement pour me pénétrer encore et toujours de cette musique unique, mais aussi pour retrouver cette nature vierge de toute activité humaine qui m'enrichissait spirituellement et m'apportait, mieux que tout autre parcours initiatique, un sentiment de bien-être et de paix profonde.

Les autres étapes

Les autres étapes de cette longue mission de deux semaines étaient tout aussi intéressantes et méritent que l'on s'y attarde. Ainsi, chaque fois que je traverse le pont du Niari, à quelques kilomètres du district de Kibangou, je suis en admiration devant ce chef-d'œuvre long de 346 mètres qui mériterait de figurer dans le patrimoine culturel national. Celui de la Louessé qui divise le district de Nianga en deux grands quartiers, n'est pas moins impressionnant. J'aurais aimé trouver des mots pour décrire l'accueil toujours enthousiaste des populations, aussi bien de Banda que de Louvakou, ainsi que dans tous les villages où nous nous étions arrêtés. La spontanéité et la chaleur des « parents », les bains de foules, sont autant de couleurs et d'images que je garderai longtemps en mémoire.

J'étais rentré de cette mission avec la conviction que je vis dans un beau pays. Malgré les problèmes rencontrés tout au long des étapes, j'étais certain que nous saurions trouver des réponses en rapport avec le niveau d'organisation des structures sociales locales à moderniser. Des solutions existent forcément. Nous étions, à l'époque, moins de quatre millions d'habitants, notre pays est riche, nous ne pouvions que réussir. Il fallait qu'il en fût ainsi pour nos enfants, pour tous les Congolais qui espéraient et comptaient sur les dirigeants que nous étions. J'y croyais fermement.

Maman

Je n'avais pas eu le temps de faire la marche pendant toute la durée de la mission. Je me sentais lourd. Je rappelai mes compagnons et repartis sur la route pour pratiquer mon sport préféré avec, comme toujours, l'espoir secret de rencontrer « Maman ». Cette disparition commençait à m'intriguer. Si j'avais été seul le jour où cette rencontre eut lieu, j'aurais commencé à douter de moi. Heureusement, il y avait d'autres témoins. Mon inspiration était la conséquence de cette rencontre, sans "Maman", je n'aurais pas eu la force d'écrire ces pages. C'est justement pour éviter de perdre le lien mystérieux qui me lie à cette inconnue, que je ressens le besoin de retrouver son regard qui, étrangement, me rappelle celui de ma mère.

Le regard de ma mère ! Un regard qui exprimait tout à la fois : l'amour, l'espoir et la détresse. Ce regard maternel qui m'accompagnait partout, j'ai cru longtemps qu'il était unique. J'avais pourtant retrouvé la même expression et la même profondeur dans les yeux de Nhya quelques années après, à la suite de mon échec aux élections législatives de 1991. J'avais revu cette façon de me dévisager et de me sonder, au plus profond de moi. Je revoyais, sur le visage de Nhya, la même émotion que celle de ma mère au moment de mon départ à Makoua. Sa détresse était d'une telle intensité que je courus me blottir dans ses bras comme un enfant. Elle savait que j'étais malheureux, elle souffrait à ma place. J'avais pensé à ce moment-là que je n'avais pas le droit d'infliger de telles souffrances à ceux qui m'aimaient. Ma fille Daniella et mon fils Davy qui n'avaient que huit et six ans s'étaient jetés eux aussi dans les bras, ou plutôt dans les jambes de leur grand-mère, sans comprendre ce qui se passait.

Ces souvenirs affluaient pendant que j'étais en train de franchir péniblement l'une des trois collines du parcours, j'étais largement distancé par mes compagnons, mieux en forme. Nous avions finalement décidé de quitter la route pour suivre un des sentiers qui sillonnent cette vaste plaine et conduisent dans les plantations que nous apercevions au loin, avec toujours l'espoir secret d'apercevoir « Maman ». Mes compagnons qui ne la connaissaient pas s'étaient finalement pris au jeu et voulaient maintenant participer à la chasse à cette ombre qui était, selon eux, le fruit de mon imagination.

Comment leur expliquer qu'une vieille femme croisée au hasard d'une marche, une étrangère dont je ne connaissais même pas le nom, puisse compter autant pour moi ? Je n'avais pas de réponses à leurs interrogations, ni aux miennes, d'ailleurs. Pourquoi le regard de cette vieille femme avait-il réveillé tant de souvenirs ? Comment avais-je pu retrouver cette même émotion dans le regard de cette inconnue, que j'appelais affectueusement « Maman » ?

Il y avait comme un lien mystérieux entre ces lieux et cette présence qui envahissait tout mon être, chaque fois que je m'y rendais. J'avais pensé naïvement que je pouvais arpenter tous ces sentiers jusqu'à trouver celui qui me conduirait vers elle.

Pendant que nous cherchions notre chemin du retour, perdus entre tous les tracés laissés par des pas inconnus, je replongeai dans mes souvenirs.

Makoua

Pour la seconde fois de ma vie, je devais me séparer de ma mère. Papa avait, en effet, cédé à grand-père qui exigeait ma présence au village pour, dit-il, poursuivre mes enseignements. Je venais de réussir au Brevet d'études moyennes et générales en sigle BEMG. Je devais poursuivre les études en classe de seconde dans un lycée. Devant la perspective d'une année sabbatique, papa avait obtenu que je fusse inscrit au lycée de

Makoua, à environ 140 kilomètres du village. Ainsi, il me serait possible de leur rendre visite un week-end par mois.

Je n'étais pas d'accord et ne comprenais pas l'importance de cette formation parallèle. Je refusai de me séparer de mes amis et quittai le domicile familial pour me réfugier chez ma tante qui venait d'emménager avec un énième mari à Ouenzé. De son côté, ma mère essayait de faire intervenir tout le « village de la rue Bacongos » qui doutait de la décision de mon père. Finalement, le poids de la tradition et l'âge avancé de grand-père finirent par l'emporter. Je devais m'exécuter. Selon mon père, je ne devais partir que pour neuf mois, la durée de l'année scolaire.

C'est ainsi qu'au mois d'août de l'année 1969, je quittai Brazzaville pour Makoua. Dix ans après, je refis le parcours qui me ramenait vers mes origines. La veille de mon départ, maman n'arrêta pas de trouver des prétextes pour me prendre dans ses bras, me regardant avec cette émotion que je connaissais, répétant chaque fois que Nhya ne serait pas loin, ce qui, dans son esprit, signifiait que son double veillerait sur moi. Elle avait pleuré toute la nuit et n'avait pas souhaité assister à mon départ. Elle avait juste glissé dans ma poche quelques billets qu'elle avait mis de côté, en me chuchotant de ne pas en parler à mon père.

Je crois que cet exil dans l'hinterland, voulu par mon père, explique en partie pourquoi je n'ai pas gardé assez de souvenirs de ce bref séjour de neuf mois. Quelques amitiés ont survécu, mais chaque fois que je pense à cette période de ma scolarité, je revois mes grands-parents et les souvenirs de Nhya me reviennent. Je visualise la route Makoua-Etoumbi-Aliéni telle qu'elle était à cette époque et me souviens des camions de marque Mercédès qui nous transportaient et tombaient constamment en panne, ce qui donnait lieu à de longues marches sur de très grandes distances. C'est depuis cette époque que j'aime la marche.

J'aimais ces moments de liberté et d'insouciance au cours desquels nous nous baignions dans les cours d'eau, nous chassions les oiseaux aux lance-pierres, nous courions après les porcs-épics et les lièvres qui traversaient malencontreusement la route à notre passage, nous jouions à nous faire peur avec des histoires imaginaires que nous nous racontions à tour de rôle. Il nous arrivait de parcourir des dizaines de kilomètres à pieds et d'arriver à destination sans que le camion ne nous rattrapât.

Bakoli

Mes frères, mes sœurs et moi n'avons pas gardé de souvenirs de notre grand-père maternel lors de notre premier séjour au village en 1959. BAKOLI était installé à Etoumbi, dans le camp des travailleurs de la régie des palmeraies[14] où il était employé. Nous ne l'avions vu qu'une ou deux fois pendant ses brefs séjours au village, quand il venait prendre des nouvelles de sa fille. Nous savons qu'il avait été cheminot dans sa vie et qu'il avait participé à la grande aventure de la construction du chemin de fer Congo-Océan. Il s'exprimait dans un français qui, pour l'époque, le faisait apparaître aux yeux des villageois comme un « évolué ». Quatre mois après mon arrivée à Makoua, sa mort soudaine avait brisé toute possibilité de construire une relation affective durable, de profiter de lui et de garder des souvenirs.

Walangoye

Grand-père paternel occupait tout mon temps libre. Je devais l'accompagner en forêt où il m'apprenait « des choses » : les interdits, la maîtrise sensorielle, l'absurdité de la vie, les vertus des plantes sauvages, les pièges de la société, l'écoute du silence, les présences inexpliquées, la prédestination et autres enseignements qu'il n'est pas possible de traduire, ni de

---

[14] Etoumbi est une cité industrielle dont la principale activité est la production de l'huile de palme.

restituer de manière compréhensible en français.
La nuit, je dormais dans son lit. Ensemble, nous remontions le temps. Il me parlait de nos origines, des endroits mystérieux où se rassemblaient « ceux qui avaient précédé » [15] pour prendre des décisions importantes, des longues marches des anciens, à travers forêts et savanes à la recherche d'une terre d'accueil, des guerres de conquête de territoires, des victoires et des défaites, des morts (…), mais aussi des naissances, des présences invisibles et leur influence supposée sur nos existences. Il nous racontait d'autres histoires et légendes qui devaient constituer le bagage culturel du clan à transmettre de génération en génération.

Grand-père m'impressionnait. Ses histoires racontées le soir venu, autour du feu qui brûlait toute la nuit au centre « d'Olèbè » [16] captivaient l'assemblée des élus assis en cercle. Dans cette nuit noire, en dessous de l'équateur, la déchirure du temps, provoquée par les paroles de Grand-père, rendait les récits tellement vivants qu'il était impossible de ne pas y croire. Le réel et l'irréel, le possible et l'absurde se résorbaient et donnaient un sens à l'inacceptable. Grand-père pouvait, par la magie de son verbe, vous transporter dans le passé pour découvrir avec étonnement un monde qui n'était pas le vôtre, mais que vous reconnaîtriez, comme si, de votre subconscient, rejaillissaient les souvenirs d'une vie antérieure. Le récit de Grand-père racontait finalement votre histoire, celle d'un « autre vous », dans le même monde, mais à une autre époque. Les personnages qui surgissent de votre mémoire ne vous sont alors plus étrangers, grand-père en fait d'ailleurs partie. Il est plus jeune. Vous lui tenez la main. Grand-père est votre fils…Révélation sur la réincarnation ou divagation de l'esprit ? Ces soirées étaient vraiment étranges… Très étranges !

Maintenant encore, je reste perplexe, notamment quand je lui parle, assis sur sa tombe, de mes soucis d'aujourd'hui, de mes

---

[15] Ancêtres.
[16] Case centrale implantée généralement au centre du village, lieu des palabres et des retrouvailles des hommes.

espoirs et du poids de la famille dont je suis devenu le patriarche. Je retrouve les mêmes sensations, j'ai la très nette impression de voyager dans le temps. Ces moments de concentration et de détachement sont d'une telle pureté que lucidement, profondément, vous ressentez des présences.

Grand-père ne m'apprenait pas les métiers du village comme la chasse, la pêche, la confection d'outils, mais je devais être présent à la palabre des anciens pour suivre comment trancher les affaires, reconstituer les arbres généalogiques lors des décès et retrouver les « propriétaires légitimes » de la succession. Je devais aussi connaître le langage des « kanis » c'est-à-dire un ensemble d'expressions ésotériques faites d'adages et de dictons dont la maîtrise conférait une autorité certaine, utile pour négocier les mariages entre familles, souvent de même parenté, gérer les conflits, et trancher les affaires.

Mes compagnons de jeu d'enfance, à l'époque de mes vacances obligées, me paraissaient déjà vieux, alors que la majorité avait moins de vingt ans. Quelques uns étaient mariés et avaient des préoccupations de chefs de familles. Ils n'étaient plus disponibles quand je les sollicitais, notamment, quand grand-père, épuisé par ses charges de chef de village, s'endormait sur sa chaise longue et me laissait un peu de répit.

Les enseignements de Grand-père avaient continué aussi longtemps qu'il était en vie. Comme papa me l'avait promis, j'étais revenu à Brazzaville pour poursuivre les études secondaires. Je devais y retourner pendant les grandes vacances pour apprendre le métier de futur chef de clan. Grand-père y tenait-il vraiment ou faisait-il simplement son devoir de relayeur pour transmettre les savoirs ancestraux, comme « ceux qui avaient précédé » l'avaient fait avant lui ?

Il s'éteignit quand j'étais en classe de terminale. Un signe du destin ? Mon parcours universitaire, loin de mon terroir, n'aurait certainement pas permis de poursuivre cette formation exigeante sur les enseignements de la tradition. Après le deuil, mon père ne m'avait plus jamais appelé par mon prénom.

J'étais devenu, par une espèce de continuité toujours recréée des codes traditionnels qui fondent la structure invariable de la lignée, le père de mon père : J'étais devenu WALANGOYE.

Nhya

Cette année scolaire passée à Makoua et mes séjours répétitifs à Etoumbi m'avaient permis de comprendre pourquoi ma mère appelait sa grande sœur Nhya. NDOLO Simone, de son vrai nom, avait vécu la cruelle expérience de perdre sa mère à huit ans, à la naissance de sa petite sœur, deuxième enfant de cette femme que ma mère n'avait pas connue. Cette disparition brutale ne lui avait pas laissé d'autre choix que celui d'assumer le double rôle de grande sœur et de mère. C'est ainsi qu'elle était devenue Nhya, dans le cœur de sa sœur cadette.

Mes rapports avec Nhya étaient finalement ceux d'un petit-fils avec sa grand-mère. En effet, trop occupée à élever sa petite sœur et à veiller sur son père, elle s'est mariée après ma mère. Elle a eu des enfants à un âge avancé, ce qui fait de moi, le « yaya »[17] des enfants de cette lignée de la famille.

Ce double privilège de petit-fils généralement gâté par ses grands-parents, et de fils aîné souvent choyé, aurait pu susciter des jalousies. Mais, nous n'avons eu pendant cette courte période, où je suis rentré dans la vie des fils et filles de celle que je préférais en tant que grand-mère, ou même plus tard, quand je revenais pour les vacances, que des joies à partager. Mes petits frères et petites sœurs me sont restés très attachés. Mieux, j'ai élevé le dernier pour qui, je suis devenu, avec le temps, plus le père que le grand frère.

Chaque fois que je partais au village, je croisais systématiquement Nhya qui revenait des champs. La première fois que j'aperçus et reconnus son corps frêle et chargé, j'étais tellement heureux que je sautai du camion pour être tout de

---

[17] Aîné.

suite avec elle. Je m'étais malencontreusement foulé le pied, lui occasionnant une grande frayeur. Elle jeta ses affaires par terre et se pencha sur moi pour s'assurer si tout allait bien, pendant ce temps, ses amies continuèrent leur chemin avec leurs lourdes charges au dos.

Ce fut notre premier contact. Je ne l'avais vue qu'une seule fois au cours de ce voyage aller-retour de 1959. Pourtant, c'était bien un élan du cœur qui m'avait poussé à faire ce geste insensé qui aurait pu me coûter la vie. En effet, le conducteur qui avait suivi et arrêté son camion était revenu vers nous, furieux, expliquant à grands gestes, comment des jeunes qui avaient tenté cette expérience avant moi s'étaient retrouvés sous le camion, alors qu'ils pensaient être hors de tout danger en sautant par derrière. Nhya fondit en excuses, mimant une grande colère et faisant semblant de me blâmer. Je ne les écoutais pas, ma joie était d'avoir retrouvé ma mère.

Ce fut le début d'une relation presque fusionnelle, entre cette grand-mère de substitution et le premier fils de sa fille-sœur. Nous avons eu, Nhya et moi, de grands moments de tendresse pendant mes brefs séjours. Je ne passais jamais directement sur Aliéni sans m'arrêter un jour ou deux à Etoumbi. Au retour, je m'arrangeais toujours pour rester une nuit avec mes frères et sœurs avant de repartir pour le lycée, même s'il fallait perdre une journée de cours.

Nhya était une femme travailleuse qui gagnait sa vie et élevait ses enfants avec le fruit de son labeur. Elle vendait le manioc au marché, elle fabriquait le vin de maïs qu'elle exposait sur une tablette devant la maison. Elle possédait quelques têtes de moutons et un poulailler qu'elle avait placés sous la surveillance de son père retraité. Cette organisation la rendait autonome vis-à-vis de son époux qui avait une deuxième conjointe et qui n'intervenait presque plus dans la gestion du premier foyer.

Nhya était une femme indépendante qui inspirait le respect. Nous l'accompagnions souvent, mes petits frères (petits cousins) et moi au champ où nous passions la journée à la regarder faire mille petits travaux entre 6 et 16 heures, sans compter le repas que la pauvre était obligée à préparer pour remplir nos ventres affamés. Elle n'arrêtait pas de me dire que j'aurais dû naître une fille, ce que je ne comprenais pas. J'imagine qu'elle pensait que j'aurais été plus utile ou peut-être qu'elle souhaitait, confusément, retrouver la situation qu'elle avait vécue avec sa sœur.

Quelquefois, nous partions avec des hommes qui traversaient les plantations pour aller chasser du gibier. Ils nous utilisaient alors comme crieurs. Nous courions derrière les chiens de chasse qu'on avait l'habitude d'affamer pour développer leur agressivité. Ces chiens, véritables bêtes sauvages, étaient galeux, sales et donnaient toujours l'impression, par leur petite taille, de ne pas avoir achevé leur croissance. J'avais appris à faire la chasse au filet, à tendre des pièges pour différents gibiers, particulièrement pour le porc-épic, une des viandes les plus prisées dans nos contrées. J'ai ainsi complété, grâce à ces escapades dans les plantations de Nhya, sans qu'elle n'en prît conscience, mes enseignements sur ces aspects de la vie au village.

Chaque fois que je retournais à Makoua, alors que nous savions tous les deux que je reviendrais le mois prochain, Nhya versait quelques larmes, pas plus que ma pleureuse de mère, mais assez pour me rendre triste. Comme sa sœur, elle n'arrêtait pas de me glisser quelques billets dans la poche, malgré mes protestations. La répétition, chaque mois, de cette obligation qu'elle s'était imposée, par devoir et par amour, me perturbait, d'autant plus que j'avais conscience du sacrifice que cela représentait pour cette femme qui élevait seule, ses enfants. Je crois que de tous mes parents, elle est, toutes proportions gardées, celle qui m'a donné le plus d'argent pendant cette période de ma scolarité.

J'aime m'en souvenir. Plus tard, quand les rôles se sont inversés et que je lui rappelais cette époque, elle me fixait avec tendresse et acquiesçait sans qu'un seul mot ne sortît de sa bouche. Encore ce regard ! Dans ces moments du souvenir, je suis sûr qu'elle ne me voyait pas, elle était avec sa petite sœur. J'étais leur premier enfant et, semble-t-il, je lui ressemblais !

La douleur de mes mères

Le vieux BAKOLI venait d'être rappelé à Dieu. Dans ces temps postcoloniaux, les téléphones ne faisaient pas partie de notre univers. On communiquait par télégramme. C'était donc ma mère, arrivée en pleurs à Makoua, en partance pour Etoumbi, qui nous avait apporté la nouvelle du décès de mon grand-père maternel.

Je revis ainsi ma mère dans ces conditions-là, à peu près six mois après mon départ de Brazzaville. Elle avait beaucoup de chagrin, mais ne pouvait pas passer sans prendre de mes nouvelles. J'étais triste pour grand-père, je voulais partir avec elle, j'avais besoin d'accompagner ma mère et d'assister à l'enterrement de grand-père. J'étais prêt à laisser tomber mes examens de Pâques, mais elle me demanda de rester, et me rassura qu'elle expliquerait à grand-père. Elle en parlait comme s'il était toujours vivant. Malgré mes enseignements et mes connaissances sur le sujet, la réaction de ma mère me perturba un peu. Je me demandai si les femmes étaient également admises à l'initiation. Je me promis d'en reparler avec elle.

J'attendis les vacances de Pâques pour aller me recueillir sur la tombe de cet homme que je n'avais pas bien connu, mais qui représentait tant pour ses filles. Je rejoignis ma mère à Etoumbi, où elle accomplissait son deuil et, cette fois-là, je restai quatre jours avant de reprendre le chemin de l'école de grand-père à Aliéni. Ainsi, je pus consoler pour quelque temps ces deux femmes que le destin avait profondément liées dans leur enfance et qui donnaient l'impression d'être seules au monde, alors que leur père leur avait donné, en deuxième et en troisième noces, des frères et des sœurs. Pendant ce séjour, et malgré le deuil, ou peut-être à cause de cette ambiance si particulière qui suit le décès d'une personne chère, Nhya nous raconta leur histoire ou plutôt l'histoire de ma grand-mère

NIONGUITO, dont ma sœur cadette Marie-Hélène, fille aînée d'EKO, porte le nom.

Le présent : les responsabilités

Je m'étais cogné contre un caillou que tout le monde avait évité, car il était tellement gros et visible. Les autres avaient compris. Une fois de plus, j'étais ailleurs, à nouveau perdu dans mes histoires comme ils le disaient. Ils s'étaient arrêtés pour s'assurer que je n'avais pas eu mal, avant de me demander ce qui m'arrivait encore. Sans réfléchir, je leur répondis que c'était la faute de « Maman », avant d'ajouter que la seule façon de chasser mes démons serait d'écrire ce que je ressentais, peut-être seront-ils les premiers à lire mes histoires. Nous éclatâmes de rire, preuve qu'ils ne me prenaient pas au sérieux.

Londélakaye : les doutes

J'étais à Londélakaye, l'un des quatorze districts de mon département. Je devais installer dans ses fonctions le nouveau sous-préfet qui venait d'être promu. Ce district, situé sur l'un des points les plus élevés du département, à la frontière des deux Congo, est à construire. Malgré la hauteur naturelle de ce site encastré entre deux collines, il fallait encore parcourir plusieurs kilomètres pour espérer atteindre les sommets du village le plus proche, là où les populations avaient décidé que je devais passer la nuit.

Cette fois, mon séjour fut bref et consistait à faire mon devoir en procédant à l'intronisation du nouveau sous-préfet. Dès que les dispositions protocolaires furent prises, je m'adressai au sous-préfet sortant qui ne comprenait pas ce qui lui arrivait. Ses yeux me fixaient et m'interrogeaient, mais j'étais sans réponse, car les décisions de Brazzaville ne se discutent pas. Encore une fois, je ne pouvais que constater la faiblesse des positions dites de pouvoir, positions qui étourdissent certains cadres lorsqu'ils assument des responsabilités d'Etat, oubliant qu'ils les quitteront inévitablement un jour. La détresse de ce cadre me gênait, d'autant plus qu'il n'y avait pas, à mes yeux, de raisons objectives justifiant ce qui apparaissait manifestement comme une sanction.

Mon regard s'attarda sur ce jeune cadre qui, il y a encore une semaine, avait en sa qualité de sous-préfet un statut qui suscitait une certaine crainte. Ce jour-là, alors que se déroulait la cérémonie d'intronisation de son successeur, j'observais les populations qui s'étaient rassemblées et je me demandais à quoi elles pensaient. Ces visages impassibles ne laissaient rien transparaître des sentiments qui les traversaient. Etait-ce de l'indifférence, de l'incompréhension, de la satisfaction ou bien une certaine lassitude devant ce balai de cadres qui arrivaient, promettaient mille choses et repartaient sans rien changer, sans laisser de traces à leur passage.

Pendant que je transmettais les attributs du pouvoir, écharpe et drapeau aux couleurs de la République, au sous-préfet entrant, je pensai à la vanité de certaines autorités qui utilisent leur statut pour régler des comptes à des adversaires politiques ou bien pour s'imposer par la force. Je me demandai comment ils se sentiraient le jour où ils perdraient les privilèges du pouvoir, ce jour inévitable où, comme ce jeune sous-préfet, ils seraient appelés, selon l'expression consacrée, à d'autres fonctions. Je suis toujours surpris par l'arrogance qu'affichent certains cadres politiques au pouvoir. Suis-je également perçu ainsi ?

Il me semblait que tel n'était pas le sentiment dominant dans le cas de ce jeune cadre, que la décision de Brazzaville venait plutôt surprendre, alors qu'il avait construit, malgré les difficultés de sa mission, des rapports de confiance avec les populations du district qu'il administrait. J'étais sûr qu'il n'avait pas démérité. Il était simplement victime des enjeux qui nous dépassaient tous les deux.

Il y a quelques années, après mon échec aux élections législatives, un aîné nous rassura, un ami qui se trouvait dans la même situation que moi, qu'il y avait une vie après le

Parlement. Quelque temps après, cet ami est devenu ministre et j'ai été nommé préfet. Mérite ? Chance ? Compétence ? Confiance ? Chacun vit son destin comme on dit, parce qu'à côté de nos deux cas de réutilisation rapide, d'autres cadres, nombreux, attendent toujours.

Je répétai le conseil à ce jeune cadre parce que j'y croyais. Je ne pouvais pas m'empêcher de penser que le mérite comptait, même si certains de mes camarades se moquaient de mon approche trop « intellectualiste » de la politique. L'intelligence, et même la connaissance, me disaient-ils, étaient rarement des critères déterminants dans les choix politiques d'aujourd'hui. C'est vrai, les exemples sont légions qui démontrent que si de tels ingrédients pouvaient servir quelque temps, ils ne constituaient aucunement les critères de sélection forcément indispensables pour accéder aux plus hautes fonctions d'Etat. J'avais fini par l'admettre, après une « aventure intellectualiste » au sein d'un club de réflexion dont j'étais co-fondateur, dénommé K'MUNGA, du nom d'un fruit dont la consommation enlevait toute sensation d'amertume. Une autre vie ! De bons moments de partage.

Je continue à croire que l'élite compte dans un pays. Je ne sais pas raisonner autrement. Est-ce de la naïveté politique ? Sûrement pas. C'est plutôt un choix par conviction.

Kimongo

J'étais reparti immédiatement après l'installation du sous-préfet. Je voulais m'arrêter à Kimongo, dans le district d'à côté. Le président de la République y avait fait construire un lycée dont j'avais supervisé les travaux pendant un an. J'ai fini par m'attacher à ces lieux. J'aime le calme de cet endroit. J'aime contempler cette forêt qui surplombe la ville, enveloppée dans des nuages qui semblent tomber du ciel. Je passe du temps à observer le ruissellement de l'eau naturelle qui semble jaillir des rochers. Elle descend à flot le long des flancs des collines qui encerclent la ville pour être recueillie tout en bas par les

femmes.
Je me sens bien ici. J'ai l'impression de faire partie du paysage. C'est pour cela que j'y reviens souvent les week-ends, pour me reposer et ressentir cette sensation de bonheur qui expulse toutes les énergies négatives accumulées pendant la semaine. Après le pénible exercice de Londélakaye, j'avais envie de me ressourcer.

La semaine dernière, j'y avais convié quelques directeurs départementaux pour faire le bilan de l'année écoulée et remettre les choses en ordre. Diriger les hommes et donner des ordres conduisent, quelquefois, à des incompréhensions paralysantes pour la bonne marche de l'Etat. Ma méthode consiste à donner, le plus souvent possible, la parole aux cadres qui sont sous mon autorité pour qu'ensemble nous nous soumettions à une autoévaluation de la gouvernance départementale.

J'ai, en effet, été emmené, quelquefois, à prendre des décisions difficiles, comme par exemple, de relever de ses fonctions un directeur départemental. Par solidarité, les autres se braquent, refroidissent leurs rapports avec la hiérarchie. C'est humain et je comprends. Après, il faut expliquer, discuter, rappeler les règles, exiger des résultats. Ce n'est pas toujours simple, mais j'aime ces moments d'autocritique où les cadres se lâchent, explosent, décrivent les faiblesses du système, et pour en finir, exigent d'être respectés.

Ces moments sont très enrichissants, dans ce sens qu'ils permettent les échanges, multiplient les chances de solutions partagées et acceptées par le plus grand nombre de cadres et accroissent les chances de réussite de l'action collective. Généralement, à la fin de ce que j'appelle le grand déballage, au cours duquel les directeurs s'expriment librement et confrontent leurs technicités, ils se sentent mieux, retrouvent toute leur concentration, ils sont motivés et prêts à mettre leurs aptitudes professionnelles au service de cette nouvelle culture de responsabilité départementale que j'appelle de tous mes vœux.

Cette fois-là, comme les fois précédentes, la confrontation des caractères et des spécialités s'avéra utile pour tout le monde. Elle se termina par un pot d'amitié.

Aujourd'hui, j'ai besoin de me reposer, d'oublier Londélakaye et de bavarder en toute simplicité avec la famille qui habite Kimongo, celle que j'ai eue par mon fils Bertrand, qui est en réalité mon neveu, le fils de ma sœur Micheline, que j'ai élevé depuis l'âge de cinq ans et dont le père biologique est originaire de ce district.

Cette ambiance permet de retrouver un peu de légèreté. Les dossiers difficiles sont rangés au placard, le temps d'une pause de quelques jours de vacances volés. On est alors disposé à aborder les sujets les plus divers sur la vie de tous les jours ; comme celui des enfants qui grandissent tellement vite que les parents ont du mal à les suivre dans leurs exigences, des parents qui s'inquiètent des départs prochains de leur progéniture vers des destinations inconnues pour leurs études ou autres aventures. On aborde également divers sujets comme ceux des maladies des temps modernes, notamment le sida qui décime les enfants et contre lequel il n'existe pas de traitement. On parle également de la retraite et de son cortège de soucis, et tant d'autres sujets qui exposent les problèmes du quotidien de ces gens ordinaires qui, devant ce qu'ils nomment la démission des dirigeants, n'expriment aucune colère et se laissent vivre au rythme du temps qui passe et de l'espérance en Dieu. Les anciens ne comprenaient plus rien, ils voulaient m'interroger sur ce que faisait le gouvernement pour soulager leurs peines. Je leur répondis que je souhaitais que nous parlions plutôt tradition, contes et histoires du village, que j'avais besoin de me reposer, de profiter d'eux et de leurs savoirs, de tirer le meilleur des bibliothèques vivantes qu'ils représentaient pour moi, avant qu'ils ne s'éteignent. Ils se sentirent flattés. Ils parlèrent jusque tard dans la nuit, se relayant, se contredisant même, retrouvant des moments de leurs vies où « ils avaient fait des choses ».
J'étais heureux d'être là, à écouter des parents qui me rappelaient mes séjours à Aliéni. Je me sentais bien. Je m'évadai pour rejoindre mes souvenirs.

Nionguito

Je suis assis sur le tronc d'un arbre abattu par la tempête, nous pleurons grand-père Bakoli. J'écoute Nhya. Elle a enfin décidé de raconter l'histoire des origines de leur mère Nionguito. Elle est intarissable, son débit est très lent, presque lointain, comme si elle voulait retrouver l'ambiance de l'époque des faits. Son histoire est teintée d'une telle émotion que les choses autour n'existent plus ; les palmiers, les cases, les couleurs et les formes intègrent le récit.

Ainsi, il n'y a plus que l'histoire de cette mère sublimée, disparue avec son mystère, une femme qui ne pouvait donner la vie qu'en un lieu prédéterminé. Pour avoir voulu rompre, sur ordre de son mari, avec cette exigence des anciens, elle avait perdu deux enfants, deux garçons, des grands frères que ma mère ne connut pas. Cette femme ne réussit qu'une seule fois dans sa courte vie à concilier un accouchement avec ce marqueur indélébile des femmes de sa famille, celui de sa première fille. Elle mourut en couche, sur le chemin, vers ce lieu innommable et donna, malgré tout, naissance à sa deuxième fille, ma mère, en sacrifiant sa vie. Histoire terrible qui ressemble à un conte, histoire émouvante, restituée par Nhya, fille aînée d'une femme sacrifiée à l'hôtel d'une coutume mystique, qui raconte à sa sœur unique, le drame des femmes de cette lignée familiale.

La plupart des jours de l'année sont anodins. Ils commencent et se terminent sans laisser de souvenir, sans impact sur le cours d'une vie. Ce jour-là avait profondément bouleversé ma mère qui découvrit, en même temps que moi, le mystère de cette partie d'elle-même. La force des mots utilisés par Nhya pour décrire la cruauté du destin enchaîné de cette femme qui lui avait donné la vie avait rendu ma mère hystérique. Elle hurlait, roulait par terre, se cognait contre les palmiers qui jalonnent les parcelles à Etoumbi, se levait pour courir en rond dans la cour, s'affalait, criait entre deux sanglots, essayant vainement d'appeler cette mère sans visage pour venir à son secours. Finalement, prenant le ciel à témoin, elle exigea de voir le lieu de son décès, le lieu de sa naissance, comme si ce contact physique lui permettrait de remonter le cordon ombilical et de repartir dans le ventre de sa mère pour se retrouver, ressentir les odeurs de celle qui l'avait portée pendant neuf mois, réentendre cette voix douce qui lui parlait et lui dire qu'elle l'aimait, qu'elle ne l'avait pas oubliée.

Je regardais impuissant ma mère. Elle était déchirée par les révélations de sa sœur. J'étais triste pour elle. Jamais je ne l'avais vu ainsi, je comprenais sa détresse, mais une telle explosion de douleur me dépassait. Le spectacle de cette souffrance était insoutenable. Je crus que ma mère était devenue folle. Heureusement, sa grande sœur finit par la calmer. Elles pleuraient alors en silence, enlacées, prostrées et épuisées, partageant la même peine. Soudain, une pensée folle traversa mon esprit : N'avaient-elles pas hérité de ce karma ? Je me rassurai tout de suite, elles avaient chacune plusieurs enfants nés à des endroits différents.

Je les regardais pleurer, serrées l'une contre l'autre, front contre front, les yeux dans les yeux. Ce regard, le même, sur deux femmes qui criaient une douleur venue des profondeurs du temps. Grand-père avait rejoint grand-mère. Mes mères pleuraient leurs deux parents morts avec plusieurs années d'écart, comme si le temps qui les avait unis et les avait ensuite séparés, les rassemblant à nouveau dans l'éternité de la mort, ne s'était pas écoulé. Ce regard, le même, sur deux femmes qui s'interrogeaient sur cette course du cycle sans fin de la vie et de la mort, sur leur séparation prochaine et inévitable, sur les souvenirs que leurs enfants garderont d'elles. Je pensais à ma petite sœur Lucie, la dernière de sa mère, qui n'arrivait pas à avoir un deuxième enfant. Avait-elle été marquée ?

Cette journée n'était décidemment pas ordinaire. Au moment où j'écris ces lignes, je constate que mes cinq tantes, les sœurs directes de mon père, comme on dit chez nous, ont eu les mêmes problèmes. Mbéna et Enani n'avaient, chacune, qu'un enfant. Ankirra et Afouramingui n'en avaient pas eu. Leur dernière sœur, Essabo, a mis au monde deux fois, mais a perdu son premier enfant. Finalement, c'est mon père qui avait fait plus d'enfants. Des deux autres garçons de grand-père, un seul a eu des enfants. Une histoire bizarre !

Le rêve

J'étais toujours à Kimongo. La nuit était tombée, une nuit noire, sans étoile, qui donnait un aspect terrifiant au relief montagneux de cette cité mal éclairée. On dormait tôt. Nous nous étions donc souhaité bonne nuit et nous avions rejoint nos domiciles pour un sommeil que nous voulions juste, après une après-midi bien remplie d'histoires arrosées de « tombé », un vin de palme local.

Le soir, il souffle toujours un vent violent à Kimongo. La première fois que j'y passai la nuit, je crus entendre des avions qui survolaient le ciel à une cadence infernale. Je sortis pour voir. Il s'agissait de l'effet que produisaient les rafales de vent à la recherche d'un passage à travers les montagnes. Les gens d'ici n'y faisaient plus attention et n'étaient pas le moins du monde perturbés dans leur sommeil par ce bruit qui, d'après eux, les berçait depuis leur enfance. Cette fois-là, je fis la même chose. J'étais fatigué. Je m'allongeai tout habillé. Le sommeil m'emporta vite et je retrouvai papa.

Je venais à la rencontre de mon père. Nous étions au ciel. Il y avait des nuages partout. Nous arrivions à marcher sans tomber. La brillance des lieux me rappelait un film de science fiction. Les couleurs étaient extraordinaires, le visage de mon père scintillait. J'aperçus ma grand-mère paternelle et me dirigeai vers elle. Mon père me retint. Il n'était pas content. Il me demanda ce que je faisais là. Sans attendre ma réponse, il me poussa très fort vers la terre, je tombai dans le vide, je sentis que j'allais m'écraser et mourir, je me réveillai en sursaut, j'étais en sueur. Le lit était complètement trempé.

Je ne comprenais pas ce qui m'arrivait. Depuis la mort de mon père, je ne l'avais jamais rêvé de cette manière. Et puis, que venait faire ma grand-mère là-dedans, cette femme que j'avais à peine connue et qui n'était pas dans mes souvenirs ? Je me rendis compte que je m'étais endormi tout habillé. Je me débarrassai de ma chemise toute mouillée et me sentais trop fatigué pour réfléchir. Je poussai au coin du lit, là où les draps étaient encore secs, et fermai les yeux.

Toujours dans ce rêve avec papa. Nous n'étions plus au ciel. Nous marchions sur une route déserte, il me demanda de me dépêcher. On devait retrouver grand-mère, partie de la maison depuis le matin, pour semble-t-il, rentrer au village. Pure folie ! Une vieille femme de son âge, qui ne connaissait pas Brazzaville, ne saurait parcourir à pieds la distance (huit cents kilomètres) qui sépare la capitale du village. Je demandai à mon père pourquoi elle avait fait une telle bêtise. Il me répondit que c'était ma faute et qu'il était de ma responsabilité de la retrouver. Mon père était furieux. Il n'arrêtait pas de crier le nom de sa mère, sa main serrait la mienne. J'eus mal et me réveillai à nouveau, brusquement, avec une sensation d'horreur.

Je n'eus plus sommeil. Assis sur le lit, je voulus de comprendre le message caché de l'étonnant rêve que je venais de faire. Je me frottai les yeux, me tins le visage avec mes deux mains. Je ne sentis aucune douleur et réalisai avoir vraiment fait un rêve. Je me levai et sortis de la résidence du sous-préfet où je logeais.

Le vent soufflait toujours très fort. Il faisait froid dehors. Les militaires qui étaient de garde et auraient dû être éveillés, étaient en train de ronfler, affalés sur leurs chaises de fortune. Je raclai ma gorge assez brouillement. Ils sursautèrent et se réveillèrent, leur air penaud m'amusa et me conforta en même temps. J'étais dans une réalité différente de celle de mon rêve. Elle était plus rassurante, j'étais dans le monde vrai. Pourtant, je me demandais ce qui avait bien pu déclencher des souvenirs aussi anciens et comment interpréter la présence de ma grand-mère. J'essayai de me souvenir.

J'avais eu deux grands-mères singulières, aux destins étonnants. Ma grand-mère paternelle ne vivait plus avec grand-père WALANGOYE quand nous étions arrivés au village lors de ce voyage en pleine guerre civile. Nous ne l'avions donc pas rencontrée et je ne me souvenais pas que nos parents eussent abordé la question de son existence à ce moment-là. Grand-père avait trois femmes et les enfants que nous étions pensaient naturellement que la mère de notre père était l'une d'elles. J'étais en classe de sixième quand OMBE avait surgi dans notre vie. Elle nous avait été présentée comme notre grand-mère. J'avais douze ans. A cet âge-là, on ne fait vraiment pas attention aux détails d'une vie en communauté de ce que j'ai nommé le « village de la rue Bacongo ».

Dans une famille où tous étaient frères et sœurs, mon esprit enregistra cette arrivée, même si la nouvelle venue paraissait plus âgée que les autres, comme un autre membre du clan qui venait s'ajouter aux nombreuses tantes et cousines qui peuplaient « le village de la rue Bacongos ». OMBE était toujours silencieuse, recroquevillée sur elle-même, un peu perdue dans ces lieux inhabituels pour elle. Notre père ne semblait pas s'en préoccuper, outre mesure, sauf pour s'assurer qu'elle prenait régulièrement ses médicaments. Nous n'avions donc pas vraiment prêté attention à elle, jusqu'au jour de cette disparition deux mois après son arrivée. C'était à ce moment-là que nous avions été mis au courant de son statut de « grand-mère directe » et de son déséquilibre mental, à l'origine de son internement loin du tumulte du village.

La détresse de mon père nous fit prendre conscience des sentiments qu'il avait pour cette femme dont il était le fils aîné. C'était parce qu'il ne supportait plus l'isolement de sa mère, loin des autres membres de la famille, qu'il avait pris la décision de la faire venir à Brazzaville, pour essayer de la guérir avec les « médicaments des Blancs ». J'étais de la partie quand nous cherchions grand-mère cette nuit-là, sur cette route du nord que j'avais déjà empruntée pour fuir la guerre civile. Je ne me souviens pas d'avoir marché autant avant. Papa n'arrêta pas de crier le nom de sa mère. Je vis mon père pleurer. J'étais seul avec lui. C'était la première fois que je le voyais dans cet état : je pense avoir été le seul témoin de son désarroi.

Pourquoi dans mon rêve, mon père me rendait-il responsable de la disparition de grand-mère ? Pourquoi, alors que je l'avais, enfin retrouvée et courais pour la ramener, m'avait-il arrêté ?

Les militaires me rappelèrent que la nuit était très avancée et que je devais regagner mon lit. J'obtempérai. Je repartis dans la maison sans répondre, avec l'espoir de dormir, espérant ne plus faire de cauchemars.

Ma délégation et moi-même étions rentrés à Dolisie le matin après avoir remercié nos hôtes et partagé avec eux un petit déjeuner des plus copieux. Cette nuit ne m'avait pas apporté le repos que je souhaitais. J'avais besoin de me dépenser et de me fatiguer pour bien dormir. Je n'avais qu'une seule solution : reprendre la marche.

Je n'avais pas eu le temps de mobiliser mes compagnons. Je crois que je voulais être seul, pour réfléchir et essayer de comprendre ce que voulait me dire mon père cette nuit-là. Je marchais vite, presque au trot. J'avais besoin de transpirer, de m'évader par l'effort, de retrouver cet état qui me permet de me mettre en communion avec les miens, en me projetant vers cet autre monde qui devient tellement réel que j'arrive, comme dans un état de conscience transitoire, à penser avec mon esprit et à ressentir des choses curieuses, inexprimables. Un des enseignements de grand-père me revint à l'esprit : « C'est quand le rêve coïncide avec le réel que le message devient compréhensible. »

En effet, je ressentais, depuis quelque temps, une fatigue générale que je négligeais. Malgré les inquiétudes de mon épouse qui, chaque nuit, constatait mon état de fébrilité, je traînais les pieds. Ce message inattendu et surprenant me rappelait à l'ordre. Mon père me réveillait de cette torpeur négligente qui, quelquefois, est envahissante. En associant le souvenir de grand-mère à son message, il me rappelait sa propre responsabilité. Le souvenir des propos tenus sur cette plage du bas-Kouilou me revint. Mon père veillait sur moi.

Mon père ne s'était pas pardonné la disparition de sa mère. Cette mort, sans sépulture, et donc sans possibilité de retour et de réincarnation, était, malgré le nom donné en souvenir à ma sœur Joséphine, fille aînée de la fille aînée des enfants d'OMBE, une véritable abomination. Grand-mère avait disparu sans se donner les moyens de construire avec celle qui portait son nom, ainsi que le voulait la tradition, le parcours fusionnel qui unit deux êtres en une seule entité intemporelle. Elle n'avait pas, non plus, bénéficié du rituel qui, pendant le deuil, rassemble par-delà les deux mondes, grâce à la symbolique de l'homonymie, deux membres d'une même famille. Ainsi, l'un utilisera les forces de l'au-delà pour veiller sur l'autre, l'autre portera le souvenir de l'un toute sa vie. Le moment venu, il transmettra à son tour le nom au suivant dans un processus qui, de génération en génération, se répétera aussi longtemps que la vie l'emportera sur la mort.

Je repensai à cette homogénéisation des noms que la colonisation nous a imposés et me demandai si nous n'avions pas, au passage, perdu l'essence de nos identités et cet ADN culturel qui permettrait de situer chacun. Ces noms qui se transmettaient de génération en génération symbolisaient une histoire du clan et de nos ancêtres. Une histoire qui nous habite, qui nous lie à une terre, à une forêt, à un cours d'eau ou simplement à un lieu qui, quelque part, porte la trace d'un aïeul. N'avons-nous pas eu tort de renoncer à cette tradition ?

Grand-père m'avait également appris que des liens mystérieux unissaient les vivants à l'univers des défunts. Ma propre expérience de la vie me conduisait à admettre que les phénomènes réputés objectifs et observables ne reflétaient pas complètement la réalité du monde qui nous entoure. Je pense que seule une quête permanente d'une finalité transcendante donne un sens à cette complexité qu'on appelle la vie.

J'étais parvenu à interpréter cette partie de mon rêve, mais je n'arrivais pas à faire le rapport avec ma responsabilité dans la disparition de grand-mère, ni d'ailleurs avec cette négligence passagère sur ma santé, même si, de manière confuse, je comprenais cette réprobation. Mon père me demandait certainement de me soigner, parce que j'ai entre mes mains le destin de cette famille qu'il m'avait confiée. Cette famille qui perpétue son nom et porte le souvenir de son passage sur cette terre des hommes.

Papa était venu me dire que ma mission n'était pas terminée. Je n'avais pas à courir rejoindre grand-mère au ciel où ailleurs dans une autre réalité. Je dois vivre, jusqu'à ce qu'un autre prenne le relais, jusqu'à ce que la transmission se fasse, qu'un autre se mette à l'ouvrage et poursuive, conformément à ce mécanisme rigoureux connu du seul « Grand Architecte de l'Univers », le parcours de la famille Walangoye ou, devrais-je dire, la famille Lékoba.

Dans le royaume de l'espérance et de la foi, chacun de nous, qui souhaite le meilleur pour lui-même, suit un chemin qui se laisse découvrir au fur et à mesure qu'il avance, au hasard des rencontres qui, toutes, vont dans le sens du destin qu'il se construit.

Pourquoi chaque fois que je suis sur cette route où j'avais rencontré « Maman », je me retrouve avec moi-même?

Le préfet

En prélude à la visite annoncée du président de la République, j'avais engagé les directeurs départementaux et d'autres cadres à réfléchir, avec moi, sur l'avenir économique du département. Trois jours de débats riches qui avaient donné aux femmes et aux hommes qui animent les structures décentralisées de l'Etat, la possibilité de s'investir intellectuellement sur des sujets qui les passionnaient. Les citoyens, quoique l'on dise, nourrissent, outre leurs propres rêves de réussite, un besoin profond de participer à la construction de leur pays. Ces rêves peuvent conduire certains à s'investir dans le champ politique, d'autres, les plus nombreux (cadres, intellectuels, employés, ouvriers et autres catégories sociales), se consacrent à l'action du

développement sur le terrain pratique.
J'étais confiant sur les résultats de cette consultation. La routine d'un quotidien qui excluait toute démarche réflexive tranchait avec l'enthousiasme que j'observais de la part de nombreux cadres qui se sentaient réhabilités. Plutôt que d'attendre et se contenter des seules instructions de Brazzaville, qui ne sont pas toujours compatibles avec les réalités du terrain, ils avaient besoin de conduire, par eux-mêmes, la réflexion dans leurs domaines respectifs. En regardant ces femmes et ces hommes au travail, je me rassurai du génie des cadres. Le reste était un problème d'animation de la vie publique. Cette mobilisation démontrait qu'il y avait, au-dessus de nos soucis individuels, un grand rêve partagé, celui de créer les conditions qui restituent à « nos parents », la liberté de se réaliser en tant qu'êtres humains.

Dans un pays où l'avenir de tous, du peuple comme on aime le dire, dépend en grande partie de l'action de l'Etat, une seule certitude ; l'engagement citoyen des cadres à la mobilisation éthique sur les questions de société. Depuis deux ans, je conduis le destin du département du Niari comme préfet. J'ai souhaité, dès mon arrivée, dépassionner les enjeux politiques généralement dominants dans la conduite des affaires de l'Etat dans les départements. J'ai voulu installer mes fonctions au cœur des seules problématiques qui, à mon sens, comptent : la paix sociale, l'unité des Congolais qui composent le corps social de cette entité administrative, mais surtout la réflexion permanente sur les questions relatives au développement économique.

Certes, parfois, la résistance au respect des règles établies, les cafouillages, le clientélisme et la mobilité des intérêts de positionnement des acteurs politiques, les trahisons et autres déviations à l'opposé des valeurs de la République m'obligent à replonger dans l'inutile et à redescendre dans l'arène. Cependant, je continue à réaffirmer que l'essentiel est ailleurs, que notre devoir est de construire ce pays.

Le temps des élections était devant nous. Le président de la République sortant allait solliciter un second mandat, j'en étais convaincu. Cette perspective donnait toute la mesure de la réflexion que j'avais initiée, parce qu'elle permettait de vérifier la pertinence des solutions mises en œuvre au cours de la mandature qui s'achevait et de proposer des réajustements. De ce point de vue, l'implication des cadres, notamment départementaux, me paraissait fondamentale pour, à la fois, traduire les préoccupations des populations, mais également, participer à la formulation d'un projet politique qui prendrait en compte les réalités locales.

J'étais confiant, et cela se ressentait. Chaque soir, je transpirais sur la route, heureux d'avoir ouvert une nouvelle perspective dans cette communauté de directeurs départementaux qui avaient décidé de se constituer en association. Mes compagnons de marche partageaient ma joie. Pour me le démonter, ils proposèrent de nous diviser en deux groupes, afin d'augmenter nos chances de retrouver « Maman ». Mon agent de sécurité et moi-même, qui la connaissions physiquement, nous nous inscrivîmes chacun dans un des groupes. Ces deux groupes pouvaient, ainsi, couvrir six jours de la semaine, à raison de trois jours par groupe, ce qui correspondait à notre rythme habituel de marche. Nous étions, cette fois-ci, certains d'élucider, enfin, le mystère de « Maman ». Mais, quel mystère au fond ? Depuis le début de cette histoire, j'avais fini par me demander si tout ceci n'était pas finalement une construction de mon esprit, juste pour me retrouver avec moi-même, pour retrouver l'instant où les rideaux tombent après cette scène finale où la mort dialogue avec la vie de ma mère. Je plonge.

Le drame

Je venais de réussir à mon baccalauréat, série D. J'étais dans les nuages. Comme tous mes amis, j'avais beaucoup de projets dans la tête. J'étais surtout heureux d'avoir justifié, par cette réussite, les espoirs de mon père et tous les sacrifices consentis pour que j'y arrive. Les nuits blanches sous les lampadaires de l'avenue de France pour étudier les leçons, les privations de tous genres pour ne pas suivre l'ambiance de Poto-poto, à l'origine de l'échec scolaire de nombreux copains d'enfance, étaient oubliées ; seule comptait dorénavant, la perspective des études universitaires. Secrètement, comme certains parmi nous, je souhaitais m'envoler vers de lointains pays européens, la France de préférence. Je me retrouvai en Union soviétique, contexte de l'époque obligeait. Une autre vie, une autre histoire.

Ce matin de juillet, j'étais assis sur un banc dans la rue, devant le portail de la parcelle, avec des amis qui étaient venus me rendre visite. J'aperçus ma mère qui souffrait à porter son panier de vivres, de retour du marché. Je me levai promptement pour aller à sa rencontre. Elle transpirait abondamment. Elle me dit sentir de la fièvre. Je l'accompagnai jusque dans la chambre des parents et l'aidai à s'allonger toute habillée sur le lit. Je n'étais pas particulièrement inquiet. Je voyais souvent ma mère malade, brûlée par la fièvre. Je lui donnai des cachets d'aspirine qui traînaient sur leur commode en lui rappelant qu'elle m'avait promis un « trois-pièces » pour midi, une recette congolaise fortement appréciée.

En sortant de la chambre des parents, je repensai à la dernière fois que je dormis avec eux. Il n'y avait pas si longtemps, un mois au plus. J'avais une terrible rage dentaire. Nous étions samedi. Je devais attendre lundi pour consulter un médecin, à l'époque où l'hôpital public était la seule option à notre portée. J'avais tellement mal que je ne pus avoir sommeil, malgré les bains de bouche d'eau tiède salée que ma mère avait préparés, en y ajoutant des racines dont elle détenait seule le secret. Je vins m'allonger entre mes deux parents et, aussi incroyable que cela pût paraître, je dormis jusqu'au matin. Ce jour-là, en quittant ma mère, je voulus raconter cette histoire à mes amis, alors qu'avant, j'en avais honte. Réaction prémonitoire ou alerte du subconscient que je n'avais pas su interpréter ?

Je sortis les rejoindre, convaincu que maman se lèverait très vite. Elle ne se leva jamais, elle mourut le lendemain, à trente-quatre ans.

Je ne sais pas s'il existe des mots pour exprimer la douleur que l'on ressent devant un tel drame. Je savais, depuis que j'avais commencé la rédaction de ce livre, que cette partie de mon histoire qui raconte la fin de la vie de ma mère interviendrait. J'ai chaque fois essayé d'imaginer comment j'exprimerais ce désarroi, avec quels mots je dirai ce que j'avais ressenti. Finalement, je n'ai pas eu d'autres choix que de restituer ces deux jours de mon drame personnel en décrivant la chronologie des faits, rien que des faits, avec tout ce que cela comporte d'incompréhension, d'interrogation et de lassitude devant l'impossible.

Mon père s'effondra. Mes petits frères et mes petites sœurs criaient ; je les regardais, eux comme tous ceux du « village de la rue Bacongo », les voisins venus nombreux, les curieux, tout ce monde qui grouillait et pleurait. J'eus le sentiment de ne pas exister. J'étais comme détaché de cette réalité. J'observais autour de moi ; je n'étais pas là ; je ne me sentais pas concerné ; je ne comprenais pas ce qui se passait. Il en sera d'ailleurs toujours ainsi. Au moment où j'écris ces lignes, je n'ai toujours pas fini de faire le deuil de la mort de ma mère. Ce livre mettra peut-être un terme à cette quête et donnera un sens à cette disparition brutale.

Elle est d'autant plus brutale que s'y superpose un autre drame familial. Mon père avait, en effet, courageusement décidé de transporter la dépouille de sa femme au village pour l'enterrer sur les terres qui l'avaient vue naître, aux côtés des siens. Nous fîmes le déplacement avec toute la famille. Les parents étaient venus nombreux des autres villages pour rendre un dernier hommage à l'une des leurs. Il y avait du monde, je n'arrivais toujours pas à réfléchir sur la situation que je vivais. Il y avait du vacarme, des gens criaient, chantaient et couraient dans tous les sens. Mon père nous installa dans la case laissée par grand-père, qu'il avait héritée. Il me demanda de me tenir prêt parce que, semblait-il, une des séquences du rituel impliquait les enfants, notamment le fils aîné.

Pendant que j'essayais de me concentrer, au moment où je m'y attendais le moins, maman NDOLO apparut, couteau à la main, les yeux hagards, hurlant mon nom. Mon père qui entendit la clameur et aperçut une horde de villageois courant derrière Nhya et criant, « où est-il ? Il faut l'enterrer dans le même trou que notre fille qu'il vient de sacrifier », eut juste le temps d'écarter les assaillants, de me soulever et de présenter sa poitrine en bouclier. Il me jeta dans les bras d'un oncle venu lui aussi à mon secours, lequel m'entraîna à grandes enjambées vers la forêt, vers cette forêt qui m'avait servi de salle de classe pendant les enseignements de grand-père et dont je connaissais les moindres recoins.

Mon père vint nous rejoindre tard dans la nuit. La pleine lune me permettait de lire la tristesse qu'exprimait ce visage fatigué par tant d'épreuves. Il me regarda longtemps, avant de me dire dans un soupir que nous devions partir. Je n'avais pas la force de lui demander où nous allions. Je le suivis. Nous contournâmes le village et partîmes en direction de Tséré, un village situé à cinq kilomètres d'Aliéni. Là, mon père me confia à son frère (un cousin) pour m'accompagner jusqu'à Etoumbi où je devais prendre un camion le lendemain pour Brazzaville.

J'étais revenu à Brazzaville dans un état second. Aujourd'hui encore, je suis incapable de décrire ce voyage d'un retour que je pensais définitif, sans autre possibilité de repartir vers ce village où j'avais tout perdu. Seul mon corps physique avait pris la route, mon esprit était resté avec elles, avec ces deux mères qui m'avaient toutes les deux abandonné. EKO s'en était allée sans me dire au revoir. Nhya m'avait renié, sans que je susse pourquoi. J'étais amer, même si mon père m'avait protégé, il ne m'avait pas expliqué la raison de ce déferlement. Peut-être partageait-il le point de vue de cette horde en colère ? S'était-il interposé par simple instinct paternel ? L'avais-je perdu lui aussi ? Que pensaient mes frères et sœurs de toute cette histoire ? Ces questionnements m'ont accompagné pendant longtemps.

Le séjour de mes parents au village se prolongea. L'Etat congolais m'envoya en Union soviétique pour poursuivre mes études. J'étais parti sans revoir ma famille, sans comprendre.

Je vis la tombe de ma mère six ans plus tard. Mon père m'avait écrit une longue lettre pour m'expliquer comment, par une bizarrerie de chez nous, un rituel de reconstitution des causes du décès de ma mère avait, trois fois de suite, désigné les enfants comme étant à l'origine de son décès. Ce rituel consistait à positionner les parents du cujus autour d'un cercle, (famille paternelle – famille maternelle – époux ou épouse – enfants – relations extérieures à la famille comme les amis et autres), à tracer à partir du centre de ce cercle imaginaire des lignes en direction de chaque groupe et ensuite à couper, après quelques simagrées, la tête d'une poule qui, selon le parcours emprunté, indiquera les coupables.

Trois fois de suite, les poules décapitées avaient suivi la ligne des enfants et étaient venues s'effondrer sur la branche qui les symbolisait, là où j'aurais dû me trouver, si mon père n'avait pas, à la dernière minute, décidé autrement. L'explication était toute trouvée.

Je venais, en effet, de m'admettre au baccalauréat. Dans l'esprit des simples gens du village, un tel diplôme sanctionnant la fin des études secondaires ne pouvait pas s'obtenir sans contrepartie. J'étais le sorcier, celui qui avait sacrifié sa mère. C'est au retour de ce rituel que Nhya sonna la charge. Pourquoi mon père n'avait pas souhaité ma présence ? Se doutait-il ? Nous n'avions plus jamais abordé la question. J'ai toujours eu le sentiment que mon père savait. Aujourd'hui encore, une grande partie de notre société, cadres et intellectuels y compris, croit à de telles légendes animistes qui occasionnent souvent des drames dans les familles et sont à l'origine de rumeurs invraisemblables, comme le prélèvement d'organes génitaux ou la vente des squelettes, notamment à l'approche de grandes échéances politiques, rumeurs qui éclatent et défraient régulièrement la chronique dans notre pays.

Je m'étais retrouvé au cœur d'un drame qui aurait pu conduire Nhya, sous le coup de la douleur causée par la disparition de « sa fille », à poser un acte qui, à coup sûr, l'aurait emmenée à son tour à se donner la mort. Cette histoire m'avait fait prendre conscience de la fragilité des sentiments humains. Même si je ne comprenais pas toujours comment un tel poison avait pu s'installer ne serait-ce que quelques secondes dans le cœur de cette mère/grand-mère de mon enfance qui pourtant m'adorait. J'étais, certes, soulagé par cette explication qui, quelque part, me libérait en partie de mes angoisses, mais mon cœur continuait à saigner.

Les années universitaires

La décision du Gouvernement, en cette année 1972, d'orienter l'ensemble des étudiants retenus pour poursuivre leurs études en Union soviétique, fut vécue par ceux d'entre nous qui étions inscrits dans les universités de France comme un véritable drame, à une époque où nous ne rêvions que de la métropole française. Poursuivre ses études en France apparaissait, alors, comme l'aboutissement des efforts consentis tout au long de la classe terminale, notamment pour les séries scientifiques dont les inscriptions dépendaient des notes de maths, de physique et de chimie. Quand on avait bossé toute l'année et réussi ce challenge, cette orientation obligée était considérée comme une grande injustice.

C'est donc sans enthousiasme que je montai dans l'avion pour cette destination imposée. Je me souviens que le vol transita par Paris où, je suis à peu près sûr que si l'occasion s'était présentée, je serais resté. Finalement, nous arrivâmes à Moscou au mois de septembre 1972 et nous prîmes contact avec le pays de LENINE et avec le froid. J'aime me souvenir de notre arrivée dans ce grand réfectoire, où après notre accueil par les autorités universitaires, nous nous ruâmes sur le pain noir en pensant que c'était le pain d'épices que nous raffolions à Brazzaville, ainsi que de nos grimaces pour désigner ce que nous souhaitions manger à des serveuses hilares. Je revois l'étonnement de certains d'entre nous devant le spectacle des femmes aux commandes des grues sur les chantiers de construction. J'entends encore nos blagues de « petits nègres » à l'endroit des Blancs qui transportaient nos bagages. Je n'ai pas oublié notre chagrin au moment de notre séparation vers nos villes respectives de formation, conscients que nous ne nous reverrions pas si tôt, dans un pays qu'on disait ressembler à un continent.

Après une année préparatoire à l'Institut polytechnique, je suivis pendant cinq ans une formation d'ingénieur économiste à l'académie des techniques forestières de Leningrad.

Malgré la chaleur des anciens qui nous aidaient, comme ils le pouvaient, la première année fut difficile pour tout le monde. Nous avions à faire face à un environnement de vie difficile, notamment, à des températures qui nous « congelaient », à l'obscurité des six mois d'hiver pendant lesquels la lumière du jour n'apparaissait que pendant quelques heures, aux queues sous le froid glacial pour faire nos courses, au confinement des chambres du campus que nous partagions avec des étudiants russes qui sentaient l'ail, sans oublier le racisme latent, même si, idéologie obligeait, nos hôtes faisaient attention à nous.

La délivrance arriva avec l'été. Malgré les chaleurs terribles et les journées sans nuit, nous pouvions descendre dans les rues, flâner et draguer les filles. L'arrivée de l'été permit également de découvrir cette ville extraordinaire et belle qu'est Leningrad, dont la richesse culturelle et l'histoire politique se confondent avec le règne impérial et la révolution bolchévique. Nous avions appris à vivre et à aimer cette cité qui forgea nos destins.

Malgré la souffrance morale liée à des conditions difficiles et à l'éloignement, cette année permit des rencontres entre Africains, avec des Européens, des Asiatiques, des Latino-américains, mais surtout, avec des Russes dont la simplicité et la joie de vivre nous étonnaient. Ils avaient su se créer un univers rempli d'anecdotes pour railler une situation qu'ils pensaient ne jamais pouvoir changer. Nous passions des soirées entières à les écouter et à rigoler.

Pendant six ans, nous avions donné le meilleur de nous-mêmes pour apprendre et forcer le respect des professeurs qui étaient particulièrement tolérants avec les étudiants africains, doutant en vérité de leurs aptitudes et s'étonnant ensuite de les voir finir premiers de leurs promotions. Il faut dire que nous avions affaire à des scientifiques brillants qui, malheureusement, vivaient coupés du monde et ne connaissaient rien de l'Afrique.

Ces années furent également des années de découvertes individuelles au cours desquelles chacun de nous apprit à vivre sans famille, à découvrir d'autres réalités, à s'ouvrir aux autres et à gérer la vie en collectivité. Ces années avaient forgé les caractères, installé des leaderships et promu des carrières.

En dehors de quelques Africains, dont des jeunes Congolais, nous étions allés au bout de nos études et avions obtenu nos diplômes. Ceux qui n'avaient pas pu supporter le climat et les rudes conditions soviétiques furent rapatriés au fur et à mesure, certains profitèrent de l'été et du privilège que les étudiants étrangers avaient de voyager, pour s'enfuir vers les pays de l'Occident.

Le retour

Je trouvai Nhya à Brazzaville à mon retour de Leningrad. Elle était venue se soigner une hernie discale, maladie courante dans nos contrées, causée par les lourdes charges que le dos des paysans supporte toute leur vie sur des kilomètres, entre les plantations et le village. Mon père et Nhya, par ailleurs, cousine de ce dernier, acceptèrent de m'accompagner sur les sépultures de ma mère et de ma petite sœur Brigitte, décédée deux ans après la mort de notre mère. Sa tombe était juste à côté de celle de maman, à sa gauche. Six longues années étaient passées. Nhya avait vieilli, la mort de Brigitte dont elle avait pris la garde, la ramenant avec elle au village, l'avait complètement anéantie. Quand je l'entendis s'adresser à ma mère assise sur sa tombe, faisant mine d'enlever des détritus qu'elle seule voyait, je compris l'importance que ces retrouvailles représentaient pour elle.

Ce cérémonial boucla un épisode difficile et nous réconcilia. Ce jour-là, devant la tombe de ma mère, mon père m'expliqua que son décès était dû aux complications d'une grossesse et que l'enfant qu'elle portait en était la cause. Le rituel n'aurait donc pas menti, sauf que dans les circonstances inexpliquées de l'époque, cette interprétation donnait lieu au lynchage de l'aîné que j'étais. Je ne m'étais pas senti soulagé pour autant, j'étais de toutes les façons dans un état second, en communion avec ma mère, comme si, du fond de sa tombe, elle me parlait, me demandait de me libérer de cette histoire et de retrouver Nhya. Finalement, le plus important était que je fusse rentré.

Nhya et moi ne nous sommes plus vraiment séparés. Toutes ces années de souffrances morales l'avaient fragilisée. Elle était souvent malade et séjournait de plus en plus à Brazzaville pour ses soins. Nous avions ensemble intégré ma maison, en réalité, un chantier encore en construction, où nous avions failli être brulés vifs en essayant d'allumer un groupe électrogène pour nous éclairer. Cette scène, comme d'autres, à propos du torrent de fourmis qui sortaient des fissures de la chambre qui nous servait de salon, constitueront par la suite, une série d'histoires drôles qu'elle aimait raconter à mes enfants, décrivant dans les détails la course effrénée de leurs parents pour éteindre le feu qui commençait à brûler les murs de la maison ou encore les litres d'eau chaude qu'il fallait verser pour arrêter le flot des fourmis.

Ainsi, malgré la présence de mes sœurs, Nhya préférait vivre avec moi. Ce n'était pas toujours facile, notamment quand la maladie l'avait complètement affaiblie et qu'il fallait l'aider à se lever, à s'habiller. Elle me dit quelque temps avant la date fatidique, constatant ma gêne, de ne pas me fier aux apparences. A ses yeux, je m'étais depuis longtemps émancipé de mon statut de fils, j'étais l'homme qu'elle avait choisi depuis la mort de son mari pour l'accompagner dans ses derniers jours, celui qui lui tiendrait la main avant qu'elle ne franchisse l'ultime étape de la vie. Elle avait décidé de m'installer dans cette position, me dit-elle, pendant le deuil de son père, à l'époque de ma scolarité au lycée de Makoua, ce jour mémorable où elle

nous fit, ma mère et moi, le récit de leurs origines maternelles.
Nhya nous quitta un soir de mars 1993 à Poto-poto où, n'en pouvant plus, je l'avais ramenée un jour plus tôt pour qu'elle bénéficiât des soins de mes sœurs plus indiquées pour son état. Nhya était ainsi partie rejoindre sa petite sœur dans la même cour du « village de la rue Bacongos », où vingt-et-un ans avant elle, ma mère avait fermé les yeux. J'avais respecté la tradition, j'avais ramené Nhya chez elle à Aliéni où elle repose à quelques mètres de sa petite sœur.

Papa les avait rejoints en 2001. Par un hasard du destin, nous lui avions trouvé dans ce cimetière familial, où tant de parents avaient précédé, une place tout à côté de la tombe de sa femme. Mais, était-ce vraiment un hasard ? Nous y avions installé papa et construit une tombe jumelée pour nos parents, à nouveau réunis.

Poto-poto

Mon collègue, le préfet du Kouilou, qui a crée une association des marcheurs du Congo a choisi, connaissant mon penchant pour ce sport, d'organiser, comme il le fait chaque année, le rassemblement des marcheurs à Dolisie. Les retrouvailles de toutes ces femmes et de tous ces hommes, qui partagent la même passion, venus de toute la République est une occasion de découverte et de brassage des Congolais qui ne se seraient peut-être jamais rencontrés. L'enthousiasme des marcheurs tout au long du parcours retenu et l'ambiance de camaraderie qui a dominé la compétition sont la preuve que le sport unit les peuples. Des relations se sont nouées, des amis se sont retrouvés, des rendez-vous ont été pris. C'est dans ces conditions que je me suis retrouvé en train de marcher avec des copains d'enfance que j'avais complètement perdus de vue. Tout au long de la marche, nous avons évoqué les souvenirs de Poto-poto et déploré ce que notre quartier était devenu.

Poto-poto est une légende. Tous ceux qui y sont nés, y ont vécu ou ont simplement été de passage quelque temps, considèrent qu'ils sont différents et possèdent une identité et une culture qui leur sont propres, ils s'en réclament et s'expriment dans un style et un esprit qu'eux seuls comprennent.

Les enfants de Poto-poto sont devenus des adultes de Mpila, de Talangaï, de Mikalou, quartiers qu'ils ont défrichés, conquis et occupés en transportant, avec eux, cette culture de solidarité et de partage qu'ils essaient de transmettre à leurs enfants à travers les récits, les évocations et autres formes d'expressions, notamment musicales, qui rappellent les souvenirs de leur enfance.

Un des premiers quartiers indigènes au cœur de Brazzaville, centre de brassage des Congolais venus de toutes les régions du pays, lieu de vie et de rassemblement des ressortissants de l'Afrique équatoriale française, des Portugais, des Grecs et des Français, Poto-poto remplissait toutes les conditions pour devenir « le laboratoire d'une identité congolaise en construction ».

De Poto-poto sont parties les grandes luttes de libération des peuples de l'Afrique centrale. Des mouvements syndicaux y ont pris corps, se sont organisés et ont créé des réseaux interafricains de lutte qui ont conduit aux indépendances.

Je n'ai pas oublié, malgré mes yeux de jeunesse, ces terribles journées dites des trois glorieuses au cours desquelles le président Alphonse MASSAMBA DEBAT[18], impuissant devant la poussée populaire, déclara au cours d'un meeting sur l'avenue de la paix, son mépris pour les mouvements populaires incontrôlés, prédit l'arrivée des fous portés par de tels mouvements à la tête du Congo, puis finit par démissionner après avoir essayé vainement de résister, y compris en emprisonnant celui qui deviendrait quelques jours plus tard, son successeur.

---

[18] Deuxième président après les indépendances.

Me sont restées en mémoire, les images de la ferveur populaire de cette colonne d'hommes et de femmes, partie de la grande école de Poto-poto, que nous suivions avec enthousiasme sans réaliser les risques que nous prîmes pour aller libérer le soldat Marien NGOUABI, rétrogradé et jeté à la prison centrale, passage obligé à cette époque de l'initiation à la gestion de l'Etat, pour mériter les galons qui ouvraient les portes du pouvoir politique. Combien de nos aînés ne nous avaient pas brandi la carte de visite de la prison politique pour justifier les positions qu'ils occupaient. Aujourd'hui, heureusement, on ne passe plus par « la case-prison » pour accéder aux hautes fonctions d'Etat.

Cette époque tumultueuse des révolutions et des luttes contre l'impérialisme est restituée dans de nombreux ouvrages par des auteurs de talent. Je voudrais simplement faire remarquer le rôle joué par Poto-poto dans l'élaboration de la conscience nationale, qui explique en grande partie la forte implication de ce quartier dans les grands mouvements qui ont traversé la vie politique congolaise, ainsi que la résistance de ses habitants, face à la déstructuration du tissu social congolais et à la résurgence des identités tribales, suite aux nombreux conflits politiques que notre pays a connus ces dernières années.

J'étais revenu à Poto-poto, comme on le sait, après le conflit majeur de 1959. J'avais huit ans. Je suis, en effet, né à Poto-poto. Mes parents, jeune couple, habitaient la rue Bandas où ils avaient été accueillis par une tante. C'était plus tard, après l'acquisition, par mon père, d'une parcelle dans la rue Makotopoko, qu'ils étaient partis vivre à Moungali. Nous revînmes trois ans plus tard dans les conditions que j'ai décrites dans les pages précédentes. Etre natif de Poto-poto était une marque de fierté que nous aimions brandir pour nous distinguer dans nos moqueries de jeunesse des enfants d'autres quartiers. Je dois pourtant avouer que mon passage par Moungali, ma scolarité primaire à l'école Saint Michel de Ouenzé pendant que mes amis du quartier fréquentaient l'école Saint Vincent de Poto-poto, avait donné lieu à une enfance mélangée et avait permis des expériences différentes qui me donnent quelquefois le sentiment de ne pas me sentir complètement possédé par cette culture revendiquée.

J'ai ainsi, aux côtés des amis de Poto-poto ceux qui se définissent comme « enfants de Ouenzé" » ou « enfants de Moungali » et qui, pour rien au monde, n'accepteront pas de devenir des « enfants de Poto-poto » qu'ils considèrent globalement comme des voyous. Ils pensent d'ailleurs que ceux d'entre nous qui avons réussi dans nos études sommes des rescapés. Ils ont tord, les enfants de Poto-poto dirigent ce pays.

Poto-poto a, en effet, produit des intellectuels, de nombreux cadres, des musiciens de renom. Poto-poto a donné naissance à l'école des beaux arts de Poto-poto située aujourd'hui à Moungali. Ce quartier qui porte le nom de l'une des grandes familles de Poto-poto, la famille MOUNGALI, n'était à l'origine, que le prolongement du premier. Poto-poto a en plus donné à notre pays trois chefs d'Etat, de nombreux cadres politiques et syndicaux qui animent encore, aujourd'hui, la vie publique.

Poto-poto a su développer une très forte médiation des rapports sociaux qui ont permis la désagrégation des barrières ethniques. La plupart des enfants, en tout cas ceux qui y ont grandi, ne s'expriment qu'en lingala qu'ils considèrent comme leur « patois », et seule forme d'expression d'une culture opposée à celle du verbe tribal qui a tant divisé et continue de fractionner la nation congolaise. Cette culture du carrefour, ce besoin profond d'une gestion collective des destins, de puissante camaraderie agissante explique en grande partie l'aptitude à la gestion de la cité que possèdent, toutes proportions gardées, les enfants de Poto-poto.

Mais, Poto-poto a également donné naissance au grand banditisme, aux noms tristement célèbres comme AGOUALIMA, NGAMBALI dont la réputation a traversé le fleuve Congo et construit des légendes. La violence fait, en effet, partie de l'identité culturelle de Poto-poto. Elle s'exprime partout comme un mode de vie.

Elle est manifeste au football. Les matchs perdraient tout sens s'ils ne se terminaient pas par une bagarre rangée entre les joueurs et les supporters des deux équipes en présence. Elle s'exprime au cinéma avec des groupes de jeunes qui sont prêts à s'affronter à cause d'une simple interprétation du rôle d'un acteur dans un film au sortir d'une séance. Elle se manifeste au bar pour de multiples raisons à cause de l'état d'ébriété avancé des protagonistes. On la retrouve dans les rapports filles-garçons avec la fameuse tradition du « terre-à-terre [19] », rituel obligé de passage à l'âge adulte. La violence est dans la rue avec la sympathique querelle du mari et de son épouse qui préfèrent se donner en public pour régler leurs problèmes conjugaux ou ceux d'adultère, thèmes récurrents des couples vivant dans la promiscuité des constructions destinées aux locataires, caractéristiques des parcelles de Poto-poto. Elle donne lieu à des passages à tabac, toujours dans la rue et devant des gamins hilares, des « bassis ya léo »[20] par des proxénètes insatisfaits des recettes du jour, ou encore, dans tant d'autres histoires qui rendent compte de cette culture de la violence banalisée, sans conséquences dans les rapports de camaraderie, qui fait se retrouver les adversaires d'une bagarre, un instant après, autour des chopes de bière.

J'avais, comme tous les enfants de Poto-poto, un nom que le groupe m'avait donné. Certains de mes copains d'enfance continuent de m'appeler encore aujourd'hui Rodis. Le souvenir que je garde de notre groupe n'est pas conforme, je regrette de l'avouer, à toutes ces histoires qui se racontent sur les enfants de Poto-poto. Ce n'est pas tant que nous étions sages au point d'être différents, mais nous étions, je le crois, moins enclins à la bagarre, par peur, peut-être, de nous faire écraser par les durs.

Nous avions nos petites combines pour nous procurer de l'argent, comme par exemple, subtiliser des casiers de bière dans les bars pour aller les revendre dans les dépôts de

---

[19] Initiation à l'acte sexuel des garçons, en groupe, par une fille consentante, généralement une prostituée.
[20] Filles de joie, originaires du Congo démocratique.

boissons, traîner en ville pour rendre des petits services, piquer des pièces de monnaie sur les étals des vendeuses béninoises du marché de Poto-poto. Ces revenus nous permettaient de nous acheter, entre autres, quelques bricoles du genre « pattes d'éléphant »[21] pour être à la mode, d'acquérir le parfum jolisoir, célèbre pour « tourmenter les filles » ; [22] de flâner, les dimanches après la messe avec nos copines, le long du fleuve Congo en ville et leur offrir le célèbre pain au chocolat qui, paraît-il, ouvrait des perspectives. Une autre de nos activités prisées consistait à faire le « nguémbo »[23] pour assister au concert des grands orchestres dans les temples de la musique congolaise : FAIGNON, TALA-TALA, CAFE NONO, MOLIBA BOUYA BAR, ELISEE BAR, FISTA.

Quant aux groupes des durs, nombreux parmi leurs membres sont restés à Poto-poto, souvent parce qu'ils n'ont pas réussi à se forger un destin personnel ou parce qu'ils ont simplement hérité des biens de la famille. Devenus étrangers dans leur propre quartier, ces anciens de Poto-poto vendent à tour de bras les parcelles laissées par les parents et contribuent, ainsi, à l'émergence d'une culture contraire à l'esprit de ce quartier. Ils participent aussi, sans en prendre conscience, à défigurer Poto-poto de notre enfance, Poto-poto du mélange des races, des pays et des continents.

Le bradage de ce patrimoine est à l'origine des constructions sans âme qui, non seulement font ressembler Poto-poto à un quartier exporté d'ailleurs, mais effacent, également, les traces de cette histoire exceptionnelle qui a fait rêver les générations des Congolais et donné naissance à cette culture assumée et revendiquée que les anciens enfants de ce quartier légendaire essayent de reconstituer à travers les associations des souvenirs qui naissent dans le pays, en Afrique, en Europe et aux Amériques.

---

[21] Pantalon à la chute large pour couvrir les chaussures, à la mode à l'époque.
[22] Embobiner les filles.
[23] Consiste à s'accrocher dans les arbres pour assister à un concert, plutôt que de payer le ticket d'entrée.

Je pense, malgré tout, que l'esprit de ce célèbre quartier de Brazzaville n'a pas totalement disparu avec le départ des anciens. Quand on interpelle les générations actuelles, elles répondent qu'elles sont en train d'écrire une page de la même histoire. Elles ont certainement raison, même si cette nouvelle écriture à l'œuvre dans les rues défigurées du quartier de mon enfance paraît très éloignée des valeurs d'engagement, d'émulation, de solidarité et d'unité qui distinguaient mon époque.

Cette critique, j'en suis conscient, est difficile à soutenir. Par honnêteté intellectuelle, je concède que l'histoire actuelle, qui s'écrit dans un autre contexte avec des outils du siècle de la mondialisation, pourrait difficilement s'inscrire dans la continuité de la nôtre. Seulement, je ne peux pas m'empêcher de penser que certaines valeurs ont été perdues en cours de route.

Au moment où ce quartier se prépare à célébrer son centième anniversaire et que la construction de la basilique Sainte Anne vient, enfin, grâce aux efforts déployés par l'épouse du chef de l'Etat, Antoinette SASSOU-NGUESSO, fille de Poto-poto, d'être achevée, le foisonnement de la vie qui anime les différentes communautés de Poto-poto reste son atout principal. Ce quartier est à reconstruire, selon l'un de ses habitants les plus célèbres, le président Dénis SASSOU-NGUESSO. Poto-poto poursuit sûrement l'écriture d'une histoire qui, j'espère, conservera l'esprit de la cité de notre enfance.

La révolte

Dans quelle mesure l'esprit de Poto-poto avait influencé ma mère et modifié ses réactions de femme résignée ? Je ne saurais véritablement le dire. J'avais simplement constaté qu'au fil des ans, ma mère s'émancipait, discutait de plus en plus avec mon père des questions diverses, de leur vie de couple, mais également de l'avenir de cette famille nombreuse dont ils étaient tous les deux responsables. Elle n'était plus la femme apeurée qui se blottissait dans un coin de la maison quand mon père lui criait dessus.

C'était dans cet état d'esprit que ma mère géra l'une des plus graves crises de couple que mon père lui imposa, lorsque mes tantes vinrent lui annoncer, sans ménagement, l'existence d'une deuxième femme, enceinte de leur frère. Nous étions habitués aux éclats de voix entre ma mère et les sœurs de mon père, lesquelles revenaient régulièrement reprendre leurs chambres à la rue Bacongos, à cause de l'instabilité répétitive des mariages qu'elles contractaient. Par jalousie, elles incitaient régulièrement leur frère à prendre une deuxième épouse, au nom des traditions et du nouveau statut social que leur frère, d'après elles, avait acquis. Apparemment, elles avaient fini par réussir leur coup en lui trouvant une autre femme, mais elles avaient sous-estimé la réaction de ma mère.

Madame LEKOBA attendit le retour de son mari pour en avoir la confirmation. Il était tard. Nous dormions, mes frères et moi, quand j'entendis des cris provenant de la chambre des parents, mitoyenne de la nôtre. Le ton de notre mère ne laissait aucun doute sur l'objet de la dispute. Je réveillai mon petit frère, et pendant un temps qui nous parut durer une éternité, nous l'entendîmes hurler sa douleur, rappeler tous les sacrifices consentis pour accompagner la réussite de son mari et dire son refus catégorique de voir une autre femme franchir le seuil de sa maison.

Serrés l'un contre l'autre, nous écoutions, impuissants, notre mère pleurer. Nous étions d'ailleurs des victimes collatérales de cette histoire, puisque dans sa colère, notre mère disait avoir sacrifié ses années de jeunesse pour élever les nombreux enfants que mon père lui avait donnés. Elle finit par se calmer. Rassurés et en même temps terrifiés par le silence assourdissant qui suivit la dispute, nous nous rendormîmes.

Le lendemain, je partis à l'école, sans préalablement faire le salut matinal à mère comme je le faisais toujours, ni voir mon père que je boudais pour lui demander, comme d'habitude, des pièces pour la pause-beignet à l'école. J'avais dix-huit ans. J'étais en classe de première au lycée et, donc, assez grand pour comprendre les implications de la situation qui était en train de naître. Comme je l'ai déjà indiqué, nous avions été élevés mes frères et mes sœurs dans un environnement où la famille africaine dite large avait pris, dans notre cas, des proportions anormales, au point où nous dénommions, comme le lecteur l'aura retenu, notre parcelle par « le village de la rue Bacongos ». Nous n'étions donc jamais seuls, nous avions des oncles, des cousins et des cousines de nos âges qui partageaient notre quotidien, ils fréquentaient les mêmes écoles que nous, mais nous avions, malgré tout, un statut particulier. Nous étions les seuls enfants LEKOBA. J'avais le pressentiment que la situation ne serait plus jamais la même.

Plus tard, quand j'ai, à mon tour, à la suite de mes propres turpitudes, mais surtout après l'échec de mon premier mariage, mis Patricia, mon épouse, dans la même situation, le souvenir de cette terrible nuit m'est revenu. Mon neuvième enfant que Frédéric et moi avons appelé Eric, en souvenir de notre défunt ami, est venu au monde, sans que ses grands frères et grandes sœurs ne soient au courant. C'est toujours l'histoire de ma vie, mais c'est une autre histoire.

Nous ne trouvâmes pas notre mère à la maison au retour de l'école. On nous dit qu'elle était sortie de la maison le matin avec une valise en main, et qu'elle était partie sans indiquer sa destination comme elle le faisait toujours. Il était presque 14 heures, notre père qui travaillait toute la journée n'était pas là. Les choses paraissaient tout à coup différentes. Nous ne savions plus à qui nous adresser pour demander notre nourriture. Monsieur LEKOBA rentra, comme à son habitude, tard, le cœur léger, convaincu que ma mère s'y était faite et que la crise de la veille était passée. Profonde fut donc sa déception lorsqu'il découvrit la disparition de sa femme et apprit que nous n'avions mangé depuis le matin que des bouts de pains trempés dans de l'eau sucrée. Mon père qui se fâchait rarement rentra dans une colère noire, s'en prenant à ses sœurs qu'il rendait responsables de ce qu'il appelait « ce bordel ». Il ressortit acheter les

« kangéla gaï »[24] et des beignets au marché de nuit qui bordait la grande école de Poto-poto, mais nous refusâmes de les toucher.

Nous apprîmes deux jours plus tard que notre mère était partie rejoindre Nhya au village. Papa et ses sœurs avaient, comme je l'ai indiqué plus haut, sous-estimé la réaction de ma mère. Mon petit frère, Bienvenu, fils de cette autre femme de papa vint au monde, mais sa mère ne rejoignit pas le foyer comme le souhaitaient mes tantes. Mon père ne prit pas une deuxième épouse.

Maman était partie en novembre. Six mois après, elle ne fit pas toujours signe de vie. Mes frères, mes sœurs et moi comprenions mal que notre mère ne nous donnât pas de nouvelles, ni ne s'inquiétât du sort de la dernière fille qui n'avait que six ans. Les habitants de la rue Bacongos, ainsi que ses nombreuses amies qui demandaient de ses nouvelles régulièrement, ne comprenaient pas ce comportement d'une femme qui ne vivait que pour ses enfants. Elle était, peut-être, souffrante ou bien quelque chose de grave lui était arrivé. Ces spéculations augmentaient la tension et rendaient l'atmosphère de la rue Bacongos invivable. Je préférai rejoindre Alfred à la rue Bayas.

Quant à notre père, il s'était muré dans un lourd silence qui terrifiait tout le monde. Il sortait tôt, rentrait très tard, s'occupant du minimum, se contentant de déposer chaque matin l'argent de la popote sur l'accoudoir du divan au salon, à l'attention de ses sœurs, évitant toute discussion sur le sujet. Il était visible que notre père souffrait de cette situation, lui qui pensait être le centre du pouvoir du clan à Brazzaville, lui qui était généralement sollicité partout où il y avait un problème à régler, lui qui était l'ancien, le notable, celui qui avait réussi son ascension sociale, lui, le fils aîné du chef Walangoye, vivait cet affront comme une véritable humiliation.

---

[24] Grillades de viande de bœuf, de poisson salé et de cuisses de poulets vendues généralement le soir dans des marchés éclairés à la lampe luciole.

Aujourd'hui, quand j'y pense, je crois que notre mère avait, en réalité, réussi grâce à cette révolte, à révéler la nature profonde de l'homme qu'elle avait épousé. Le mutisme de notre père n'était pas, comme le « village de la rue Bacongos » le pensait, l'expression d'une grande colère, mais la souffrance d'un homme qui avait pris conscience de la perte d'une épouse qu'il aimait profondément, avec laquelle il avait partagé tous ses rêves. Une épouse arrivée jeune fille au foyer, qui était à la base de son accomplissement en tant qu'homme et chef de famille. Cette cousine germaine, sa sœur au sens de la culture qu'ils avaient en partage, qu'il avait épousée, qui l'avait soutenu toute sa vie, autour de laquelle il avait construit son univers lui manquait terriblement.

C'est donc dans cette souffrance niée que notre père vivait cette séparation. N'en pouvant plus, Il finit par s'ouvrir à son fils aîné. Comme un enfant qui avait fait une bêtise, il voulait se confier à son père Walangoye dont j'étais, à ses yeux, l'incarnation. Un soir, alors que je venais exprimer un besoin en rapport avec mes études, nous avions parlé, ou plutôt il m'avait raconté. Nous étions dans leur chambre, il me fit asseoir sur le lit et me rappela que je n'étais plus un enfant, avant de m'expliquer dans quelles circonstances ma mère était devenue son épouse et pourquoi ce pacte scellé par la famille ne pouvait pas être brisé.

Je n'écrirai rien sur les confidences de mon père, faites pendant un moment de faiblesse. Elles m'avaient aidé ce soir-là, malgré mon jeune âge, à comprendre que l'épanouissement d'un homme dépend, pour une large part, de la richesse morale du milieu dans lequel il se réalise. Ce soir-là, mon père m'avait choisi pour soulager son cœur et je crois, également pour me prévenir. Ma propre expérience m'a conduit à me convaincre de ce que la vie est une conquête de chaque instant, une victoire sur soi-même, sur ses égoïsmes et sur ses peurs. Je sais, aujourd'hui, que la vie est tourment, équilibre permanent entre des choix qui, très souvent, déchirent l'être. Trouver cet équilibre, se réconcilier avec soi-même postule d'un perfectionnement de chaque jour et commande des remises en

cause permanentes.
J'attendis les grandes vacances pour aller chercher ma mère au village. Elle accepta de revenir, étonnée de mon autorité nouvelle. Elle s'était émancipée et refusait dorénavant de se résigner à n'être qu'une simple épouse. Je crois que mon père y trouvait également son compte. Il lui donna toute sa place dans la gestion du « village de la rue Bacongos », reléguant ses sœurs au second rôle.

Ma mère était, enfin, redevenue la compagne de mon père. Ils s'étaient trouvés. Leur relation amoureuse était désormais doublée d'une confiance mutuelle. Au moins, je le pensais, en tout cas neuf mois après le retour de maman, ma sœur Lucie dite « muana tsuka »[25] vint au monde.

J'émergeai de mes souvenirs au moment où nous arrivâmes à Lébanda, deuxième gare après Dolisie, dans le train affrété pour ramener les marcheurs, après douze kilomètres de compétition dans les avenues de la capitale de l'or vert. La deuxième partie du circuit consistait à revenir en marchant vers la gare de Mvouti et boucler la distance arrêtée par les organisateurs de cette journée de solidarité nationale. Le train devait nous ramener à Dolisie pour terminer en beauté cette fête de l'effort, avec les danses traditionnelles, la musique moderne et le pot de l'amitié.

Pendant que nous peinions à gravir les collines de la route lourde en construction pour repartir vers Mvouti, parcours retenu d'ailleurs pour faire découvrir aux marcheurs venus de la partie septentrionale du pays, les travaux gigantesques de terrassement qui s'y déroulaient et les paysages exceptionnels du Mayombe. L'un de mes copains d'enfance, emporté par la chaleur de nos retrouvailles, me demanda des nouvelles de mon ami Eric qu'il avait également perdu de vue.

---

[25] Dernier né des enfants.

Eric

Quand j'étais revenu à Poto-poto, j'avais, comme tous les déplacés de cette guerre civile, perdu les repères. Cette situation nouvelle dans cet environnement inconnu aurait pu m'emmener à me refermer sur moi-même, si je n'avais pas tout de suite, fait la connaissance de deux garçons : Alfred et Eric qui m'avaient tout de suite adopté et présenté au reste du groupe.

J'ai, certes, rencontré tout au long de mes parcours scolaire et professionnel, des camarades qui me sont tout aussi chers et sont devenus des amis. Pour autant, Eric, Alfred et moi-même, avons vécu autre chose que de la simple amitié. Plus que des amis, nous avions, à trois, traversé notre enfance, vécu notre adolescence, partagé nos rêves et négocié nos projets d'avenir comme des frères.

En 1991, la Conférence nationale souveraine se déroulait dans une atmosphère électrique. Eric suivait, couché dans son lit de malade, cette ambiance de grands déballages et de joutes oratoires qu'il affectionnait et qui nous avait poussés à le surnommer « possé bouna ».[26] Il aurait voulu y être pour donner le meilleur de lui-même et mettre à la disposition de son pays toute la force de ses convictions. Hélas ! Eric nous quitta au moment où il venait de fonder une famille et démarrait une carrière diplomatique pleine de promesses.

Je me souviens que ma participation à cette messe politique fut un soulagement, une sorte de bouée de sauvetage pour cette vie qui s'étiolait. Eric pouvait, ainsi, m'utiliser pour porter sa voix et faire entendre ses points de vue. Il m'imposait de longues discussions sur les sujets en débat. Il essayait de me convaincre du bien-fondé des arguments qu'il développait et me demandait, je devrais dire m'ordonnait, d'aller les traduire à la tribune de la Conférence nationale souveraine. Chaque soir, à la fin des travaux, j'avais l'obligation d'aller lui rendre compte et de confronter les conclusions des débats de la journée avec ses

---

[26] Bagarreur.

thèses. Ces moments de discussions où Alfred et moi nous nous retrouvions au chevet de notre ami, nous paraissaient irréels. Bien que très affaibli, Eric négociait ses points de vue avec une telle énergie que je me sentais coupable de lui imposer cet exercice. Quand nous lui demandions d'arrêter, il se fâchait et nous retrouvions notre frère, ce garçon robuste et têtu, qui voulait toujours avoir raison. Heureusement que, Alfred qui est médecin, trouvait des mots justes pour le calmer et lui demander de se reposer.

En réalité, Eric ne se battait presque jamais, en tout cas pas plus que nous, et souvent pour des histoires inutiles comme des moqueries de groupes qui étaient l'apanage des garçons de notre âge. Nous étions plutôt des pacifiques, comparés aux autres groupes. Par contre, Eric aimait les grands débats avec des éclats de voix et une violence verbale qui pouvaient laisser penser qu'une bagarre serait imminente. Pourtant, avant que l'inévitable ne se produise, il partait dans un grand éclat de rire moqueur et contagieux qui désarmait chaque fois son adversaire du jour et stoppait toute envie d'en découdre. Ce grand garçon, très élancé, venu des pays mbochis en transitant par le Zaïre, où ses parents avaient vécu quelque temps avant d'atteindre Brazzaville, est resté dans la mémoire de ses amis comme un bon vivant, inventeur de la « danse des cadres » qui, d'après lui, symbolisait la réussite, mais qui en vérité le protégeait des moqueries de ses amis. Eric n'avait jamais vraiment su danser.

Nous avions connu une enfance toute simple. Nous étions des enfants de Poto-poto, rassemblés dans ce quartier par le hasard des parcours de nos parents qui, venus de leurs contrées lointaines pour « faire le service », y avaient élu domicile. Ce hasard tout de même curieux avait fait se rencontrer des enfants dont les parents étaient tous originaires de la même région, la Cuvette. Eric était de l'ethnie mbochis, Alfred est mbokos et moi mbétis. Mais, dans nos têtes, que nous fussions Laris, Bémbés ou Vilis, cela n'aurait rien changé, car malgré les rappels constants de nos parents sur les horreurs de la guerre civile de 1959, nos fréquentations obéissaient aux seuls intérêts de notre groupe d'amis, composé comme nous le découvrirons plus tard, d'enfants de diverses origines ethniques. Nous étions des enfants de Poto-poto, rassemblés et mélangés comme je l'ai déjà indiqué. Nous nous exprimions tous en lingala, notre unique langue, nous n'avions qu'une seule préoccupation, celle de relever le défi de la vie et de réussir nos études pour ressembler à tous ces grands que nous côtoyions, aux origines aussi modestes que les nôtres, mais qui, par l'effort commun et continu, étaient devenus de grands cadres.

Eric était très fort en thèmes quand la discussion s'engageait sur notre avenir. Il aimait se comparer à NOUMAZ, un grand de Poto-poto, qui deviendra Vieux NOUMAZ, dont la ressemblance avec lui, aussi bien par la taille que par la couleur très claire de la peau, était troublante. Eric n'était pourtant pas, à cette époque, un élève particulièrement brillant. Nous avions le même âge, mais au moment où je passai mon BAC, Eric était en train de réussir péniblement à son BEMG, après avoir fait un tour dans ce qu'on appelait les collèges populaires, structures imaginées par les autorités politiques des années révolutionnaires pour augmenter les chances de réussite des élèves en difficultés scolaires. Nous avions pensé un moment, Alfred et moi, qu'il ne s'en sortirait pas. C'est à son propos, au cours d'une de nos discussions sur notre avenir, sur la route de la maison, après une soirée de cinéma au cours de laquelle nous avions assisté à la projection du célèbre film *je t'aime moi non plus,* qu'Alfred prit une décision sans précédent, celle de « sécher les cours » pendant toute une année scolaire, de s'arrêter pour, comme il le disait, nous attendre.

C'est une histoire de fous qui mérite qu'on s'y arrête. Alfred qui avait deux ans de plus que nous était un brillant élève. Il entra en seconde alors que j'étais en quatrième et qu'Eric redoubla la classe de sixième. Le groupe prit alors conscience que l'un des siens venait de franchir une étape essentielle, dans cette quête de la réussite scolaire qui nous faisait étudier tard la nuit, sous les lampadaires de l'éclairage public sur l'avenue de France. Le passage en classe de seconde aurait pu, il y a encore quelques années, conduire Alfred en métropole et, donc, nous séparer.

Cette réussite au BEPC qui donnait accès au lycée à notre ami venait rompre l'harmonie d'une existence qui nous semblait bien réglée, puisque Alfred rentrait dans un univers qui nous était interdit. Nous nous appelions « les inséparables ». Nous pensions que nous devrions avancer forcément ensemble, certainement parce que nous ne prenions pas conscience de nos différences d'âge, lesquelles influençaient forcément nos cycles scolaires, mais notre amitié niait cette évidence biologique. C'est donc sans état d'âme que nous avions accepté cette proposition terrible, qui avait le mérite dans nos esprits égoïstes, de ressouder le groupe. Aujourd'hui, avec le recul, il est évident qu'une telle inconscience, en contradiction avec nos discussions sur la réussite scolaire, était pure folie.

Cette histoire me paraît maintenant comme une « grosse connerie de jeunesse », car Alfred aurait pu rater ses études universitaires. Elle donne, cependant, une idée sur le degré de notre amitié et des sentiments que je ne saurais traduire avec de simples mots. Je pense que seule une complicité portée à un niveau insoupçonné pouvait expliquer de tels choix. Nous étions plus que des frères, nous vivions notre relation avec une telle chaleur que notre amitié avait fini par contaminer nos parents qui, à leur tour, avaient commencé à se fréquenter et à partager les moments de loisirs.

Alfred avait fini par réussir de brillantes études de médecine en France, après un passage par l'école paramédicale Jean Joseph Loukabou d'où il était sorti major de sa promotion comme infirmier d'Etat. Alfred a fait une excellente carrière politique et a occupé deux fois le poste de ministre de la santé. Il est de manière ininterrompue député à l'Assemblée nationale depuis quatorze ans.

Mais, revenons à Eric. A force de ténacité, encouragé par tous, mais également moqué par les copains, il avait fini par décrocher son baccalauréat avant de poursuivre des études supérieures à Karkov, capitale de l'Ukraine, dans l'ex-Union des Républiques socialistes soviétiques où je l'avais précédé. Il était arrivé au moment où je terminais, ce qui est la preuve de la pugnacité et de la force de caractère que ce garçon, mon ami Eric, avait. J'aurais aimé, au moment où j'essaie de me rappeler notre enfance, discuter avec lui comme je le fais avec Alfred.

Chaque fois que je fouille dans mes souvenirs pour retrouver les moments passés ensemble durant notre enfance, je retrouve un grand garçon fonceur, blagueur, mais en même temps trop timide pour un garçon de Poto-poto. Ainsi, autant nos histoires de filles correspondent aux canaux qui étaient ceux de notre enfance agitée à Poto-poto, autant sur la question Eric faisait l'objet de moquerie de la part du groupe. Pourtant, c'est Eric qui mourut, des années plus tard, d'une maladie encore aujourd'hui sans traitement, contractée pendant qu'il était en poste à Cuba, dans l'innocence la plus totale des dangers qui ne furent expliqués et mis à la disposition du grand public que longtemps après que notre ami nous a quittés.

C'est au moment où nous pensions avoir vaincu les handicaps de nos origines modestes et réalisé le rêve de notre enfance, où nous nous tournions vers l'avenir et envisagions de fonder nos familles, ensemble et toujours unis, où nous nous engagions dans la vie avec la conviction d'avoir, par l'effort, mérité de nous élever dans la hiérarchie sociale que tomba cette terrible nouvelle de la maladie de notre ami. Nous étions allés l'accueillir à son retour précipité de Cuba, où il était en poste à l'ambassade du Congo. Il était amaigri et méconnaissable. Il nous avait laissés sans voix.

Cette période douloureuse est dans notre souvenir très pénible, nous refusons d'en parler. En revenant sur ces moments, j'ai voulu, sans trahir notre serment du silence, évoquer notre incroyable aventure, à la rencontre de tout ce que nous croyions, alors, comme des solutions possibles à la guérison de notre frère. Nous étions allés dans des lieux mystérieux et sordides, nous avions été au contact avec des pratiques dont nous n'imaginions même pas l'existence, nous avions entendu et vu des choses tellement irréelles que seule l'étendue de notre désespoir nous donnait la force de continuer.

Ce fut un cheminement intérieur intense, un conflit terrible entre nos croyances chrétiennes et les pratiques d'un monde jusque-là insoupçonné. Nous étions perdus. Chacun de ces voyages, à la rencontre de l'inconnu, nous inquiétait et nous terrifiait, d'autant plus que nous ne faisions pas la différence entre les guérisseurs et les féticheurs. Pourtant, nous nous engagions toujours plus loin dans l'obscurité d'un monde de la nuit, en quête d'une guérison impossible.

Eric s'en est allé, emporté à la fleur de l'âge. Nous sommes restés seuls, amputés d'une partie de notre enfance et de nos illusions. La mort de notre frère nous a fait perdre notre insouciance et laissé place à des interrogations sans réponse sur le destin et sur la justice divine.

Les années parlementaires

Expérience éprouvante comme député dans une circonscription rurale, apprentissage utile et passionnant dans l'hémicycle et dans les enceintes des conférences internationales. Dans un univers culturel où la parenté se superpose avec l'électorat et où les liens de famille se mélangent avec les convictions politiques, il est difficile de jouer un rôle de simple député, celui d'interface entre des populations qui attendent des réponses urgentes, toutes les réponses possibles à cette « économie de la pauvreté » qui est leur vécu quotidien et le gouvernement qui agit selon une programmation différente. Cette pression exercée sur le mandat du député donne à l'exercice une connotation politicienne évidente à l'origine de la démission de nombreux cadres qui, plutôt que de mentir à longueur de descentes parlementaires, préfèrent sortir de ce piège aliénant.

Pourtant, ce n'est pas la volonté de se mettre au service des populations qui manque. Malheureusement, l'incompréhension de départ entre, d'une part, des électeurs qui pensent avoir donné le pouvoir de décision en portant leur choix sur un candidat, notamment quand il est, en plus, membre de la majorité politique qui gouverne et, d'autre part, les missions du député telles que définies par la loi, rend la mission de ce dernier, dans les conditions actuelles, presque impossible. Sauf quand on est un virtuose de la langue de bois ; ce qui, pour ce qui me concerne, ajouté au populisme ambiant, aura été tout au long de mon mandat, presque un drame personnel.

En effet, comment expliquer à des populations qui attendent des solutions aux problèmes de l'emploi des jeunes et donc de création d'unités de production, notamment la relance des palmeraies d'Etoumbi, ma circonscription, que le rôle du député est simplement de voter des lois et de contrôler l'action du gouvernement. Comment leur dire qu'elles ont été honorées par la désignation de leur élu comme président d'une commission dans un Parlement international qui rassemble les pays d'Afrique, du Pacifique et des Caraïbes avec l'Union européenne lorsque leur quotidien n'est que souffrances et difficultés devant lesquelles leur fils député est impuissant.

J'ai perdu mon mandat lors des consultations électorales qui ont suivi, rompant avec une expérience qui, au plan international, m'aura apporté des connaissances utiles sur mon pays, notamment sur des questions économiques. Je garde, cependant, de mon passage à l'Assemblée nationale, de bons souvenirs de nos débats à la commission économie et finances sur divers projets de lois soumis par le gouvernement, et je me rappelle avec beaucoup de plaisir les discussions heurtées avec certains ministres. Ce furent des moments très formateurs.

J'avais également partagé des moments de joie avec les populations pendant les descentes parlementaires ou lors des campagnes électorales même si, quelquefois, les critiques et autres invectives n'étaient pas toujours faciles à encaisser, mais c'était mon choix, celui de l'engagement en politique. Un oncle qui m'accompagnait se demandait toujours « ce que j'étais allé chercher là-bas », à me faire insulter tous les jours ! Comment lui expliquer que ces pauvres paysans n'étaient, en réalité, que des gens simples et honnêtes. Ils, n'avaient de rapport avec les pouvoirs publics que par le seul contact avec leur député, ils n'avaient pas d'autre choix que de le charger. A la limite, cela ressemblait à un jeu. Ils ne demandaient pas le ciel, leurs soucis étaient basiques : les routes, les écoles et les enseignants, l'hôpital et le personnel de santé, l'eau, un habitat sécurisé, toute chose qui pouvait être considérée comme le minimum vital pour tout être humain.

La réalisation de ce minimum dépendra, en grande partie, de lourds investissements qui seront programmés lors de la « municipalisation accélérée » de notre département, mais qui, grâce à la politique de la décentralisation et à l'énorme effort de transformation de notre pays que le gouvernement conduit, se construisent progressivement sous la forme des contrats-programmes Etat-départements, à partir des budgets spéciaux d'investissement alloués aux conseils départementaux.

Je considère, pour ma part, avoir joué mon rôle, en rendant fidèlement compte des difficultés des populations de ma circonscription au gouvernement. Je suis heureux que le président de la République avait choisi de réaliser, en 2011, le programme d'investissement de la « municipalisation accélérée » dans la Cuvette-ouest, apportant ainsi aux populations de ce département, dernier né des entités administratives de cette nature dans notre pays, un début de réponse aux questions de développement économique et de modernisation.

Mon mandat de député m'a, enfin, appris à mieux apprécier cette sagesse ancestrale que porte notre culture millénaire. Des discussions avec les vieux et les notables rencontrés à l'occasion des échanges organisés pendant mes tournées, j'ai retenu de précieux enseignements sur nos rites, nos us et coutumes, j'ai amélioré ma locution et découvert la richesse de ma langue maternelle. Ces souvenirs qui sont inoubliables atténuent largement l'amertume d'une expérience que je considère comme une expérience inachevée, même si, comme je l'indique quelque part, cet échec m'a libéré. J'aime ainsi, repartir au village, allégé du poids de cette responsabilité directe, et me sentir entouré par les parents. J'aime repartir vers cette terre qui a vu naître mes parents et dont je porte l'emprunte. C'est une partie de moi. J'aime y revenir, retrouver des sensations, des couleurs, sentir ces parfums si particuliers des forêts de mes ancêtres, apercevoir les rares pangolins qui courent encore dans les arbres et surtout marcher, marcher pieds nus sur cette terre qui me manque tellement dès que je m'en éloigne.

Aucun échec ne pourrait interrompre ce rituel du retour vers mes origines, vers mon essence, vers ce bol d'air qui me fait tant de bien. Toutes raisons qui expliquent pourquoi je suis soulagé de ne plus porter une charge dont les intentions démocratiques sont en rupture totale avec le niveau culturel des populations qui, souvent, regrettent leurs choix, vous harcèlent, vous demandent de vous représenter et ne comprennent pas votre refus de repartir sur ces sentiers pleins d'embûches.

L'hommage

Le président de la République, Denis SASSOU-NGUESSO, venait de fouler le sol de Dolisie, première étape d'une tournée présidentielle qui devait le conduire dans l'ensemble du pays. L'homme qui descendait de l'avion, accompagné de madame Antoinette SASSOU-NGUESSO, son épouse, est un père meurtri qui venait de perdre sa fille aînée, Edith Lucie BONGO ODIMBA, épouse d'un chef d'Etat, le président du Gabon, lequel d'ailleurs ne lui survécut pas. Tout le pays avait pleuré cette grande dame au grand cœur qui avait tant apporté au Congo et à son pays d'adoption, le Gabon.

Le président de la République se prêta, à sa descente de l'avion présidentiel, avant la réception officielle, à un accueil traditionnel. J'avais, en effet, proposé aux sages du Niari de modifier leur cérémonial habituel pour introduire un rituel spécifique du deuil que partagent les traditions mbétis de la Cuvette-ouest, obambas et kotas du Niari et de la Lékoumou. Il arrive quelquefois, que l'intensité de la douleur enlève toute volonté de vivre. Cette situation comporte le risque, selon le

degré de la souffrance, si on n'y met pas un terme, d'éloigner définitivement la personne ainsi éprouvée, dont l'esprit voyage déjà dans le monde de la mort, de celui des vivants.[27] Dans les histoires qui se racontent au village et qui ont donné naissance à ce rituel, on dit avoir, ainsi, vu un époux ou une épouse, un père ou une mère, accompagner dans la mort la personne défunte.
Le rituel consiste à ramener, dans le corps physique de la personne éprouvée, cette partie de lui même (le corps astral), « qui conteste la mort de l'être aimé ».

J'avais fait appel aux notables du district de Yaya, peuplés essentiellement de Tékés, de Kotas et d'Obambas, pour conduire cette cérémonie codifiée qui se déroule en général dans le « Mfouoyi ou Kinda »,[28] lieu secret, strictement réservé aux grades les plus élevés des sociétaires du « Ndzobi »[29]. Ce fut une scène émouvante pour tous ceux qui en comprirent le sens.

J'avais, dans un discours de circonstance, rendu un hommage appuyé au président de la République. Je devrais dire, à ce père dont le cœur saignait, mais que le devoir imposait de porter le deuil autrement que tous les pères dans les mêmes circonstances. Voici quelques extraits de mon discours.

« Monsieur le président de la République,
Au moment où votre Excellence revisite le Congo profond pour partager, une fois de plus, les préoccupations des Congolais et évaluer avec eux les efforts accomplis, les populations du Niari, par ma voix, voudraient vous témoigner leur affection, vous assurer de leur engagement à célébrer la générosité d'un homme qui aura tant donné à ce pays, vous dire simplement merci pour tant de sacrifices consentis.

Monsieur le président de la République,
La construction des sociétés modernes, œuvre de longue

---

[27] Traduction approximative d'un phénomène exprimé en mbétis.
[28] Temple.
[29] Société mystique fermée d'origine mbétis, kotas et obambas.

haleine, exige de la part des grands hommes d'Etat, persévérance dans l'action, mais aussi humilité devant l'énormité de la tâche à accomplir. Votre engagement à construire le Congo, à vaincre la nature pour moderniser ce pays mérite un profond respect et interpelle les cadres que nous sommes, témoins de ce gigantesque effort sur notre devoir de mémoire.

Devoir de mémoire qui commande d'évaluer l'œuvre d'une vie au service des Congolais, de décrire les aspects saisissants et même étonnants d'une réalité qui, chaque jour, change le paysage de notre pays...

Mesdames et messieurs,
Le président de la République va procéder tout à l'heure à l'inauguration de ce bel édifice de l'aérogare NGOT NZOUNGOU et, demain, celui de l'Hôpital général de Dolisie, deux réalisations exceptionnelles qui vont s'ajouter, je devrais dire s'additionner à d'autres, sans jamais arrêter un processus qui se poursuivra aussi longtemps qu'il sera donné à Denis SASSOU-NGUESSO, infatigable bâtisseur, la possibilité de poursuivre son œuvre.

C'est ici l'occasion de vous décrire, mesdames et messieurs, deux sentiments qui m'ont habité il y a quelque temps : celui d'un gâchis indescriptible quand j'ai visité la société des fers du Congo et celui d'une fierté légitime, comme peut le ressentir un cadet devant les exploits de son aîné, quand je suis allé admirer les travaux titanesques de la route nationale Pointe-Noire – Brazzaville.

D'un côté, une réalisation s'était arrêtée, parce que la République avait mis Dénis SASSOU-NGUESSO en congé, de l'autre, un projet gigantesque était mis en œuvre, parce que la République avait retrouvé son fils prodigue...

Devoir de mémoire disais-je ? Les cadres, que nous sommes, ont le devoir d'écrire pour décrire les énormes efforts entrepris par le président de la République et qui sont à l'origine des mutations en cours dans notre pays. Il s'agit, en réalité, de donner toute sa place sur cette terre des hommes, au destin exceptionnel de cette figure historique que nous avons l'honneur de servir… »

Ces propos pourront être qualifiés de fanatiques par certains ou jugés objectifs par d'autres. Plus sûrement, j'avais voulu traduire les sentiments de respect que j'éprouvais à cet instant de l'histoire politique de notre pays. Je pense, toutes choses étant égales, toutes faiblesses humaines considérées, mais également toutes périodes à l'échelle de l'histoire de ce pays comparées, que Dénis SASSOU-NGUESSO reste dans notre histoire politique un homme exceptionnel.

Au moment où je suis en train de terminer cet essai, 95% du premier tronçon de la route nationale lourde, « autoroute dans l'esprit de la majorité des Congolais », Pointe-Noire – Dolisie sont opérationnels. A la vitesse des travaux, Je suis convaincu que dans trois ans, elle atteindra Brazzaville.

« Monsieur le président de la République,
Garantir la paix, la sécurité et la stabilité du pays est le socle du premier des douze engagements de votre projet de société.

La concertation qui s'est tenue à Brazzaville du 14 au 17 avril 2009 a donné tout son sens à cette exigence de la responsabilité que vous vous êtes imposé toute votre vie. Cette concertation aura permis, une fois encore, de célébrer la démocratie retrouvée… Ces trois jours d'échanges citoyens ont fortement exprimé l'engagement des Congolais à rompre définitivement avec les conformités qui structurent le conflit permanent, positionnent inutilement le temps politique des élections dans la violence et détournent les Congolais de l'essentiel : le développement économique.

En autorisant cette concertation, vous avez, encore une fois, monsieur le président, non seulement donné la preuve de votre infinie sagesse, mais également rassuré les Congolais sur l'irréversibilité de notre processus démocratique. Les populations du Niari, épris de paix, vous soutiennent et vous suivront... »

Le temps de l'élection était devant nous. La violence de certains discours tenus à Dolisie m'avait conduit, devant la démission des partis politiques à jouer leur rôle d'éducateurs civiques, à créer un espace de dialogue et de l'engagement citoyen que j'avais dénommé *Le mur de la citoyenneté*. Cet espace de dialogue avait pour objet, d'une part, de protéger le département du Niari contre les influences des leaders venus du centre et d'autre part, de permettre aux acteurs politiques locaux, de négocier et de déterminer, par eux-mêmes, les règles d'un jeu politique dépassionné et fondé sur le seul respect des lois et règlements de la République. Nous avions, par consensus, confié la direction de cet instrument de médiation aux hommes de l'Eglise. La concertation de Brazzaville venait, à notre sens, confirmer la pertinence de cette démarche.

« Monsieur le président de la République,
En puisant dans le désir collectif de paix et de progrès social, la *Nouvelle Espérance*, votre projet de société, a redonné confiance aux Congolais et rétabli le lien détruit d'un avenir partagé. Merci, cher aîné, pour cette grande leçon du sacrifice de soi, au moment où tout votre être crie sa détresse. Que cette souffrance dans le silence et dans l'engagement à privilégier le Congo, toujours et toujours, rassemble les Congolais autour de l'idéal de la paix et de l'unité nationale, que cette étoile qui brille désormais à l'Orient éternel, illumine ce futur que vous souhaitez pour le Congo et qui nous semble désormais possible... »

Cette visite, la première depuis ma nomination comme préfet du Niari, m'avait donné l'occasion de faire au président de la République le point sur l'état de mon département, mais surtout de mettre à sa disposition le fruit de la réflexion des directeurs départementaux.

J'ai écrit dans ce livre que les hommes portent, outre leurs propres rêves de réussite, ceux de la collectivité comme un besoin profond de participer à la construction de leur pays.

Denis SASSOU-NGUESSO a fait du sien, le projet d'une vie, et porté pour son pays cette espérance au-delà de toutes choses. Le président de la République, qui passa une partie de sa jeunesse dans cette ville, avait reçu, à l'occasion de cette visite, de nombreux témoignages de condoléances de la part de ses amis d'enfance qui n'avaient pas pu faire le déplacement d'Oyo.

Devant toute cette émotion, le souvenir d'une douleur qui était, jusque-là, enfouie au plus profond de moi avait rejailli. Je venais d'arriver à l'hôpital général, j'étais en train de monter les escaliers du troisième bâtiment, des brancardiers descendaient un corps pour le conduire à la morgue. C'était ma sœur, la José.

La José

Aussi loin que je remonte dans mes souvenirs de jeunesse, je vois ma grande sœur La José, de son vrai nom OMBE Joséphine. Elle est née de ma tante Denise, sœur cadette de mon père et d'un père inconnu. La José fut ainsi élevée par son oncle, sans que ce père inconnu, ne vînt jamais troubler notre vie de famille au centre de laquelle la fille aînée d'EKO Thérèse trônait. Notre mère avait élevé la José comme sa fille, elle grandissait tellement vite qu'on la considérait comme sa petite sœur.

L'histoire de mon enfance rejoint celle de ma grande sœur avec laquelle j'ai tout partagé, avant que l'adolescence ne nous sépare. La José était alors devenue une belle fille que les grands du quartier courtisaient.

Cette adolescence précoce et difficile est certainement une des raisons qui expliquent que La José déserte l'école pour rejoindre la rue. J'ai encore en mémoire les disputes de mon père avec sa sœur Denise dont l'instabilité de la vie amoureuse influençait, selon son frère, négativement La José. En effet, il lui arrivait d'entraîner quelquefois sa fille dans ses virées nocturnes, à l'insu, bien sûr, de papa. Notre père, qui n'appelait

La José que par le nom de celle qui l'avait mise au monde, faisait une fixation sur ma grande sœur dont il souhaitait la réussite à tout prix, un peu comme une revanche sur le destin de cette mère qui avait disparu, sans qu'il n'eût pu faire grand-chose.

Je ne sais pas dans quelle mesure les gènes de nos parents interviennent dans notre existence, il apparaissait à tous que La José était différente et que cet héritage n'était pas le fait de notre mère. Dès qu'elle avait atteint la puberté, vers l'âge de seize ans, ma grande sœur fut gagnée par « une envie de vivre », qui anesthésia toute volonté d'étudier. Ce besoin pressant de consommer la vie à pleines dents avait jailli des tréfonds de son être avec une brutalité qui rendit impossible tout contrôle parental. Personne ne comprenait rien. Quant à moi, j'étais devenu l'objet des moqueries de la part de mes copains du groupe.

La José avait rejoint tante Denise dans la déshérence, vers cette course effrénée des hommes qui passaient et laissaient des enfants, plaçant sa progéniture dans une trajectoire identique à celle que sa mère lui avait donnée. Notre père qui n'avait pas su la retenir était devenu le grand-père de nombreux petits-fils que sa fille lui ramenait régulièrement à la maison, avant de repartir vers cette souffrance d'un manque que nous ne comprenions pas. Elle avait pourtant tout pour réussir.

La José était, en effet, très belle, belle d'une beauté qui tue comme nous disions à Poto-poto. Plusieurs sollicitations en mariage parvenaient à notre père, deux tentatives avaient échoué, dont l'une au Gabon. Hélas, La José préférait la rue, la liberté disait-elle, mais la honte selon moi. Je m'étais, ainsi, battu plus d'une fois contre des copains qui n'arrêtaient pas de me chahuter sur les fréquentations de ma grande sœur. Cette situation donnait lieu, le soir, à des disputes interminables avec La José qui, pour m'énerver, me traitait de gamin jaloux et capricieux, tout en vantant le pouvoir qu'elle avait sur les hommes plus âgés que moi.

Ma grande sœur avait raison. J'étais jaloux, mais pas comme elle pensait. Je suivais depuis assez longtemps les enseignements de grand-père pour comprendre que nos statuts de fille et fils aînés avaient des obligations ; ce qui n'était pas son cas. Quand je prenais le temps de le lui expliquer et qu'elle se sentait interpellée sur certains aspects, elle se révoltait, puisque ne comprenant pas que je pusse prendre avec autant de sérieux ce qu'elle appelait « les histoires du village ». Elle se moquait de moi, me traitant invariablement de mari jaloux, faisant allusion à cette histoire de noms de nos deux grands parents paternels que nous portions et qui nous installaient de fait, symboliquement, dans le statut de mari et femme.

C'était dans cette ambiance de guerre permanente avec ma grande sœur, accentuée par la mort brutale de ma mère, notre mère devrais-je dire, que j'étais parti du Congo pour poursuivre mes études en Union soviétique. A mon retour, rien n'avait changé, La José était à son quatrième divorce. Elle était revenue à la maison et vivait à nouveau avec papa, à la rue Bacongos où je les avais rejoints. C'était une femme totalement perdue, dépendant entièrement de sa famille. J'avais repris ma place dans la vie de ma grande sœur. Après tout, j'étais le mari naturel comme papa n'arrêtait de nous le répéter. Il était de mon devoir de veiller sur ma femme. Les rôles s'étaient inversés, j'étais devenu l'aîné.

Aujourd'hui, avec l'âge et l'expérience, j'arrive à comprendre le droit de chacun de vivre sa vie, d'être comme il est, notamment quand j'observe comment les enfants de la fratrie construisent leurs parcours dans la vie. Certes, comme tous les parents, j'exerce mon autorité et souffre de leurs échecs. De même, comme notre père le faisait en son temps, je reporte sur mes enfants mes propres désirs de réussite sociale, je les envisage autrement que comme ils sont. Pourtant, j'ai appris à laisser s'exprimer leurs différences de caractères et de personnalités, à laisser éclore les dons que Dieu a donnés à chacun d'eux. La réussite dans la vie ne passe pas forcément par l'école, seules comptent l'estime de soi et la rage d'exister et de se réaliser en tant qu'être humain.

Peut-être, aurais-je dû mieux accompagner ma grande sœur ? Peut-être qu'une autre manière d'aborder le problème aurait pu aider à valoriser le potentiel d'amour qui débordait de cette vie, à orienter ce trop plein de tendresse vers d'autres utilités, au service de la famille. Peut-être qu'elle serait toujours là à mes côtés et nous aurions cette famille nombreuse à conduire à deux. Je n'avais pas su la rassurer. Je n'avais pas réussi à la protéger contre elle-même. Je ne lui avais pas donné la place qu'elle méritait dans mon nouvel univers.

Elle est morte quelques mois après Eric en prononçant mon nom, ce nom si particulier que grand-père m'avait donné, le nom du seul amour de sa vie, alors que j'étais sur le chemin de l'hôpital. Elle m'a laissé six enfants dont Paule qui poursuit son karma et Assitu qui lui ressemble et qui ne me quitte jamais.

Cette année 1971 fut horrible.

Aliéni

Je suis à Aliéni depuis mon échec aux législatives de 2007 et ma liberté de citoyen retrouvée, je reviens régulièrement au village, plus léger et moins encombré par le poids des charges de député. Il y a un adage de chez nous qui dit « qu'il n'est pas possible d'évaluer la charge que porte un autre, tant que l'on ne l'a pas pesé sur son propre dos ». J'avais souhaité bonne chance à mon challenger et remercié les parents de m'avoir ainsi soulagé, en ne me renouvelant pas leur confiance.

Mes séjours à Etoumbi et au village sont ainsi devenus des moments de détente, d'évasion et de ressourcement. Je repars apaisé, reposé et pressé de revenir. Cette fois-ci, je suis venu rejoindre Herman et Marien, deux de mes frères, nés d'une autre maman, pour célébrer la toussaint, rituel que la famille n'a jamais abandonné. Je suis assis sur cette tombe unique dans laquelle reposent notre père et ma mère, perdu dans mes souvenirs. J'ai cette vision de LEKOBA père en train de me demander pourquoi les autres frères ne sont pas venus.

LEKOBA, mon père

Je ne sais pas pourquoi, mais j'ai longtemps hésité, avant de faire figurer papa dans ce livre que je pensais, en vérité, dédier uniquement à ma mère. Au fil des souvenirs, je me suis rendu compte que, au-delà de maman, c'est un peu leur histoire que je raconte. Cette évidence m'a emmené à papa, cet homme dont je porte le nom et le prénom et qui était tellement fier que sa femme lui eût donné un fils comme premier enfant, cet homme qui est à l'origine de toutes choses dans mon existence.

Les souvenirs de mon enfance sur mon père recoupent tout ce qui précède. Il fait partie de mon existence ; depuis mon enfance, l'école primaire, le collège de Bacongo, le lycée Champagnat à Makoua, le lycée Savorgnan de Brazza jusqu'à cette séparation dramatique, après le décès de ma mère. Quand je revis mon père, après deux ans de séparation, de retour de Léningrad pour mes premières vacances au pays, j'appartenais dorénavant au monde des adultes. Je n'étais plus le petit garçon qu'il avait aidé à échapper aux griffes de Nhya. Une distance s'était installée entre nous. Dans l'euphorie des retrouvailles, nous n'avions rien remarqué. Je repartis après avoir volontairement écourté les vacances, pressé de retrouver un univers débarrassé de souvenirs douloureux qui plombaient encore « le village de la rue Bacongos ».

Durant les longues années de mon absence, années de solitude et de reconstruction pour mon père, il s'était rapproché de mon petit frère Philippe à qui il avait transmis son amour pour le business. Quelque chose s'était passé après la disparition de notre mère, dans la réorganisation de la famille, qui avait construit d'autres rapports et structuré une chaîne de responsabilités de laquelle j'étais exclu, puisque je n'étais pas là. Mon retour au pays n'avait pas perturbé cette réorganisation que dominaient Philippe et Hélène. Désormais, mon père avait du mal à me définir une place en rapport avec mon statut d'aîné des enfants. C'est à partir de ce moment que je commençai à me sentir seul, pas dans le sens d'un rejet de la part des miens, mais comme quelqu'un qui était mis à part.

Aujourd'hui encore, quand j'analyse les rapports pas toujours simples que j'entretiens avec mes frères et sœurs, j'ai conscience que ces moments vécus sans moi avaient créé des liens particuliers, notamment entre Hélène, Michel, Micheline et Philippe. Je comprenais.

Ma sœur Hélène se trouva dans la même situation que celle que connut Nhya suite au décès de Nionguito. Comme Nhya, elle remplaça notre mère et joua le rôle de femme au foyer pour s'occuper de ses frères et de ses sœurs, devenant ainsi leur « mère de substitution » et développant, de fait, avec eux, les mêmes types de rapports affectifs que ceux qui avaient existé entre notre mère et sa grande sœur. Quant à Philippe, deuxième garçon de Lekoba, mon cadet de deux ans, il prit la place d'un père fragilisé par la disparition de sa femme. Papa avait transféré vers ce fils disponible la responsabilité de subvenir aux besoins financiers de la famille, rôle qui l'installa dans un rapport de tutorat difficile avec ses frères et sœurs.

Dans une telle organisation, malgré mon statut de fils aîné, malgré tout l'amour et le respect que mes frères et sœurs me devaient, malgré mes efforts pour les comprendre et me faire comprendre, je suis resté un marginal. Ce ressentiment venu des temps lointains de cette séparation s'est vérifié encore dernièrement, à l'occasion du mariage de ma fille aînée, Daniella. Mais, c'est une autre histoire, histoire des rapports difficiles que tant d'autres familles vivent, histoire de sang, qui rend indestructibles les liens qui unissent les membres d'une même famille et les condamnent à se supporter.

Je crois, cependant, que Lucie, « mwana tsuka », qui a grandi loin de cette organisation, échappe à la tutelle pesante de sa grande sœur. Je pense aussi que Michel et Micheline forment un tandem différent du couple Philippe-Hélène. La femme de mon tandem, La José, avait disparu en 1991. Elle était différente aussi, mise à part, comme moi.

Où se situait mon vieux dans tout cela ? Je suis sûr que mon père était fier de moi. Je pense aussi que nous avions tous les deux joué nos rôles. Le sien, celui de tout faire pour que je réussisse mes études, le mien, celui de m'élever dans la hiérarchie sociale de notre pays et d'y inscrire son nom. Même s'il avait inconsciemment confié à mon cadet la responsabilité de la famille, oubliant tous les enseignements de son père, occultant par faiblesse envers ce fils qui avait été là pour lui, le rôle que la tradition donnait au premier des garçons, rôle que mon grand-père, n'a jamais remis en cause, malgré l'éloignement de son aîné parti « faire son service » en ville. Je pense finalement que mon père laissait faire le temps. Il savait que tôt ou tard, je reprendrais ma place sans avoir besoin de son arbitrage.

Ainsi, à mon retour, mes rapports avec mon père qui continuait à m'appeler par son nom étaient complexes. Je ne trouve pas un autre qualificatif pour décrire ce mélange d'amour, de crainte et de respect qu'il ressentait pour l'homme que j'étais devenu. J'avais vu son exaspération s'exprimer plus d'une fois, notamment quand je remettais en cause ses décisions, alors que mes frères et sœurs restaient assujettis à son pouvoir de père. Mon statut hybride de fils aîné et de père symbolique, mais également de cadre de la famille et, donc, de porteur de charge pour le clan, me restitua progressivement, sans forcer, mon rôle de chef de famille.

Au fur et à mesure de nos discussions, nous nous étions rapprochés. Je peux affirmer que j'avais passé des moments inoubliables avec mon père pendant les vingt-quatre ans qui avaient séparé mon retour au pays et 2002, année où il tira sa révérence. Nos pèlerinages au village pour honorer la mémoire de nos morts étaient des rendez-vous annuels que mes frères et moi attendions avec impatience. Ces retrouvailles gagnaient en intensité d'une année à l'autre, nous en revenions transformés, un peu plus complices qu'avant. Finalement, ce manque que j'avais ressenti à mon retour, comme une injustice, laissait place à une explosion d'amour et de reconnaissance envers ce père que j'avais toujours aimé et respecté.
Ces voyages se faisaient le plus souvent entre garçons, c'est-à-dire Michel, Philippe, papa et moi. Ce qui donnait lieu à des

baignades dans la rivière Lékouana qui sert de point d'eau au village, dont les images, saisies par une caméra qui ne quittait jamais Philippe, nous faisaient rêver encore aujourd'hui. C'étaient des instants magiques, où s'exprimaient toutes les facettes des liens qui nous unissaient, comme un miroir qui nous renvoyait, dans cet environnement qui racontait l'histoire de nos origines, où chaque arbre avait servi à accueillir une naissance, tout le potentiel de nos liens de parenté.

Le soir, nous retrouvions dans le village tous les anciens, avec qui papa organisait un tour de table autour des souvenirs qu'ils avaient en commun, exercice qui était, en réalité, la forme traditionnelle de transmission de la mémoire de la famille aux cadets. Ici, la famille est étendue et se compose généralement de « l'ensemble du village », tous les habitants ayant, à des degrés divers, la même origine parentale. J'aimais ces rassemblements autour du feu central du « kandza »[30], qui réchauffait les pieds blanchis par la cendre que l'on remuait pour entretenir une chaleur réparatrice qui aidait à cicatriser des blessures occasionnées par de longues marches quotidiennes dans la forêt, à la recherche du gibier, des lianes sauvages ou d'autres genres de nourriture.

L'oralité portée à un tel niveau d'élaboration me fascinait, tant par la puissance mémorielle des animateurs, que par la distribution des rôles dans la restitution des séquences de cette histoire qui s'évanouit dans la nuit des temps. Notre père était comme un poisson dans l'eau dans un exercice que nous considérions comme périlleux pour un homme qui avait quitté le village depuis si longtemps. J'étais fier de mon père que je regardais longuement pendant qu'il s'exprimait, lui trouvant, à certains moments, une ressemblance troublante avec son père. Sa manière de s'exprimer, le gestuel, la lenteur du débit des mots qu'il semblait choisir avec hésitation avant de s'avancer sur une explication ou un enseignement, me faisaient penser à grand-père.
Oui, j'étais fier de ce père qui avait encore tant de choses à

---

[30] Espace de vie au village qui joue le même rôle qu'Olèbè.

m'apprendre, et je n'étais pas le seul. J'observais comment mes deux frères buvaient littéralement les paroles de papa. Nous étions en communion en ces moments-là. J'étais sûr que maman et Brigitte étaient présentes à ces soirées du souvenir, à la veille de la toussaint.

Le lendemain, tous les parents se rassemblèrent pour prendre part au rituel du dépôt des fleurs que Philippe filmait à l'aide de sa caméra. Nombreux observaient de loin ce cérémonial étrange, qui n'était pas en rapport avec leur coutume et qui transformait leur cimetière en jardin. Les parents ne se sentaient concernés que par la phase dite de la communication avec les morts qui, d'après eux, était le moment crucial où, de l'au-delà, les morts disaient leur satisfaction et dictaient des oukasses. C'est ainsi que nous avons inscrit cette fête de commémoration, d'origine chrétienne, au patrimoine de la mémoire du village. Les deux premières années, nous nous étions contentés de nous recueillir sur les tombes de nos parents directs, comme on dit, avant que l'on nous fît observer que tous ceux qui étaient enterrés dans le cimetière appartenaient à la même famille. C'est ainsi qu'à partir de la troisième année, nous arrivions au village, chargés de fleurs pour orner toutes les tombes du cimetière.

Mon père affectionnait la phase de la communication avec les esprits, et nous laissait nous mettre en valeur pendant la pose des fleurs, comme pour bien marquer la différence entre ses enfants nés en ville, et l'enfant du village qu'il était et qu'il n'avait jamais cessé d'être. J'observais attentivement mon père, en essayant de me souvenir des enseignements de grand-père et de prendre conscience de la magie qui s'opérait quand papa s'adressait aux siens, particulièrement à mère et à grand-père. On sentait comme une sorte de résonnance qui défigurait le visage de mon père à l'instant supposé du contact avec les esprits de l'au-delà. Je m'éloignais à ce moment-là pour mieux voir et essayer d'appréhender ce qui, sans véritablement me surprendre, me faisait prendre conscience du chemin qui me restait à parcourir pour ouvrir, comme mon père, et son père avant lui, ce passage du temps éternel. Comme tous ceux qui cherchent, j'avais emprunté comme lui, mais en d'autres lieux secrets, le chemin des savoirs ésotériques. Je voulais ressembler à l'homme qui se tenait debout devant moi et s'adressait aux siens par-delà les deux mondes. Comme lui, je voulais participer à la quête sans cesse recommencée qui, depuis la nuit des temps, guide les hommes. Je voulais me rapprocher autant que possible de la conscience universelle, devenir digne de succéder à cet être presque parfait qui semblait avoir atteint la perfection et qui, manifestement, était déjà ailleurs. J'aurais dû deviner à ce moment-là !

Ils n'étaient pas nombreux, les vieux du village, qui présentaient le même profil que mon père. Je me suis souvenu qu'ils s'étaient retirés avant la cérémonie, pour échanger sous le vieil acacia situé à l'entrée du village, qu'on disait porter l'âme des anciens initiés du Ndzobi. Nous étions certains qu'ils possédaient tous la même science, simplement nous ne comprenions pas comment notre père faisait, lui qui ne vivait pas au quotidien au village, pour se mettre chaque fois à niveau. Nous avions raison de nous poser cette question, car il ne se passa pas deux ans avant qu'il ne se décidât à rentrer, comme il disait, chez lui.

Au cours de notre quatrième voyage, nous avions emmené un poste téléviseur et une vidéo-scope pour montrer aux parents les images de la cérémonie précédente. Nous qui croyions leur faire plaisir, nous nous retrouvâmes face à une grave crise.

En effet, alors que nous nous attendions à ce que la vue de leurs images dans un écran reproduisant les gestes et les paroles prononcées, un an plus tôt, enthousiasmât le village, nous assistâmes au déclenchement d'une hystérie générale. On nous qualifia de sorciers, de démons, de féticheurs et d'assassins. Nous ne comprîmes pas les raisons de cette agressivité soudaine de la part de ceux que nous considérions comme les nôtres, notamment à mon endroit et à celui de Philippe. Finalement, notre père, qui avait du mal à calmer les esprits révoltés des villageois, réussit à entraîner les anciens sous l'acacia pour palabrer. Ils y restèrent longtemps, pendant que nous étions encerclés et menacés par ceux qui, quelques heures plus tôt, nous avaient accueillis au rythme de danses endiablées.

Il ressortait de cette discussion ponctuée d'incantations et d'évocations suivies de chants guerriers que nous regardions de loin, inquiets du sort qui pourrait être réservé à notre père, que les parents s'étaient inquiétés en découvrant leurs silhouettes à l'écran.. Pire, voir son image sur cet objet forcément magique bousculait les consciences imbues de la tradition. Cet appareil importé servait forcément de « nkôbè » à la famille LEKOBA. Le « nkôbè » est, dans la coutume des Mbétis (on dit Mbérés), un instrument de domination qui, en contrepartie des « parents sacrifiés », donne le pouvoir et la richesse à ceux qui le possèdent. Ils nous soupçonnaient de nous servir du vidéoscope comme « nkôbè » pour augmenter notre stock d'esprits, pour gagner plus d'argent et pour avoir plus de pouvoir. Autrement, comment un être humain pouvait ainsi être capté par un tuyau, être réduit et introduit dans une telle machine infernale qui arrivait à le faire revivre de l'intérieur ?

Comme par malchance, Philippe qui avait embrassé le métier de son père se débrouillait assez bien dans ses affaires, apparaissant aux yeux des paysans comme quelqu'un de très riche, puisqu'il n'arrêtait pas de distribuer argent et présents à chaque voyage. Quant à moi, la perspective d'une carrière professionnelle réputée prometteuse s'ajoutait aux soupçons des parents qui considéraient notre fréquentation régulière du village comme un prétexte pour renouveler notre stock d'esprits et augmenter nos chances de réussite dans la vie.

Cette année-là, la cérémonie n'eut pas lieu. Nous refusâmes, cependant, de capituler et insistâmes pour aller déposer les fleurs sur les tombes de notre mère, de notre petite sœur Brigitte et de grand-père, avant de nous enfermer toute la nuit dans la case laissée par ce dernier. Très tôt, le lendemain, nous la quittâmes pour repartir à Brazzaville.
Ce fut une année difficile pour papa. Il était furieux contre lui-même pour n'avoir pas su nous protéger contre ses parents qui s'étaient comportés, d'après lui, comme de vrais sauvages, mais

également contre ses garçons pour avoir pris cette initiative sans l'en informer. Il devait absolument corriger cette incompréhension qui risquait de compromettre pour longtemps les rapports de famille dans le village, avec les conséquences inévitables liées aux problèmes de sorcellerie qui, dans des cas comme ceux-ci, trouvent, comme le dit la coutume, la porte d'entrée.

Deux longues années passèrent sans repartir au village. Deux années au cours desquelles notre père négocia l'apaisement à force d'explications, de réunions de famille et de témoignages sur cette culture de la commémoration qui heurtait des habitudes héritées des anciens. Deux années pendant lesquelles notre père subit le courroux de ses enfants pour avoir décidé de faire enterrer sa femme au village, les obligeant à parcourir près de neuf cents kilomètres chaque année pour aller témoigner leur reconnaissance éternelle à leur mère chérie. Deux années difficiles pour cet homme d'à peine cinquante-cinq ans qui, épuisé par toutes ces épreuves, paraissait en avoir dix de plus. Deux années qui avaient fini par briser la volonté de battant du vieux LEKOBA qui, considérant qu'il n'avait plus rien à prouver, s'interrogeait de plus en plus sur le sens de sa vie. Deux années au terme desquelles papa décida de repartir vivre au village pour reprendre la place qui lui revenait de droit, celle de chef légitime du clan, position qui devait lui permettre de résorber le conflit.

Le retour de papa au village nous obligea à nous organiser pour lui donner le minimum de confort auquel il était habitué. Nous sentions qu'il ne se battait plus comme avant, lui qui intervenait sur tout, y compris sur le choix de nos épouses. Il se laissait aller. Nous devions réagir, car nous avions encore besoin de lui.

Son installation au village coïncida fort heureusement avec la vulgarisation des antennes paraboliques, véritable révolution technologique qui donna naissance à ce qu'on appelle aujourd'hui le village planétaire. Clin d'œil du destin ! En tout cas, l'implantation de ces équipements au village rendit, non seulement agréable le séjour de notre père entre les siens, mais permit surtout aux villageois de suivre, en direct à la télévision, les commémorations de la fête de la toussaint dans le monde. En voyant la ferveur des habitants de la planète qui célébraient leurs morts exactement comme nous le faisions, se rendant compte que même au Gabon, pays frontalier avec lequel ils partageaient la langue et la culture, on faisait la même chose, les parents multiplièrent les excuses et organisèrent une grande fête de réconciliation. Hasard ou pas, le retour de notre père au village avait rétabli la paix. Certaines crises sont fondatrices de nouveaux comportements et utiles à une plus grande cohésion de la famille.

C'est ce que vécut mon père, profondément attaché à ses origines et soucieux du devenir de sa nombreuse progéniture. Ce retour au village annonçait ce qu'il appelait sa rupture avec le monde ordinaire, son besoin de redécouvrir les lieux de son enfance, de repartir sur les chemins de l'initiation à la vie, à l'écoute du silence et de la nature, à la rencontre de la vérité primordiale qui prépare au passage vers l'éternel recommencement de la vie que les hommes appellent la mort.

Mon père me demanda de venir avec lui pour son installation au village, après que Philippe qui aimait se distinguer dans le rôle d'organisateur avait fini d'installer tout l'équipement électroménager, mobilier et autres utilités qui accompagnaient la vie de papa, qu'il connaissait mieux que moi, puisqu'ils vivaient ensemble à Pointe-Noire. Cette nuit-là, la première au village, je compris la raison de ma présence.

Au cours de cette première nuit que je passai avec lui depuis mon retour des études, il m'expliqua sa lassitude, cette souffrance qu'il ressentait au plus profond de lui-même. Je sus alors que mon père était « sur le chemin ». Il voulait s'assurer que j'étais assez fort pour accepter l'inévitable, vérifier que je possédais des outils nécessaires pour affronter ce qu'il nommait le monde visible et ordinaire. Mon père souhaitait poursuivre les enseignements de grand-père, les reprendre comme il disait, là où nous nous étions arrêtés, avant mon départ en URSS. Il ne savait pas que j'avais frappé à une autre porte des mystères, aux enseignements presque identiques à ceux de grand-père. Je le lui avais dit. Il hocha la tête, sans commentaire.

Mon père revint trois fois à Brazzaville.

La première fois, pour être au chevet de sa fille, Marie-Hélène, dont le pronostic vital était engagé, suite au décès de son bébé, après un accouchement difficile. Alors que les médecins s'étaient attroupés dans la salle où notre sœur était hospitalisée, discutant du meilleur traitement possible à administrer au patient, nous vîmes papa sortir de nulle part, entrer dans cette salle où se trouvait sa fille et demander aux médecins de le laisser seul. Il en ressortit, après un temps qui nous parut une éternité, et se dirigea vers les escaliers. Il repartit comme il était venu. Nous étions comme tétanisés, personne ne l'avait informé, et même dans ce cas, la distance à parcourir et les moyens de transport, par route, étaient tels qu'il lui aurait fallu au moins deux jours pour se rendre à Brazzaville.

Toute conversation s'était arrêtée. Personne n'osait s'approcher de cette salle devenue tout à coup inaccessible. Puis, la porte s'ouvrit. Notre sœur était debout et nous regardait, nous interrogeant du regard, avec l'air de nous demander ce que nous faisions. Hélène, que les médecins disaient, quelques minutes avant, être dans un état très inquiétant, était debout sur ses jambes, certes fatiguée et incrédule, mais bien portante et bien en vie. Nous ne pouvions pas le lui expliquer. Nous ne comprenions pas nous-mêmes ce qui s'était passé.

Philippe, Michel et moi avions planté le reste de la famille et dévalé les escaliers. Nous avions foncé droit à la rue Bacongos pour chercher à comprendre. Nous étions certains d'y trouver papa. Il n'était jamais venu là. Avait-il réellement effectué le voyage de Brazzaville avec son corps physique?

La deuxième fois, papa avait effectué le voyage de Brazzaville pour se faire opérer de la prostate. Cette fois-là, il était venu habiter avec moi, dans l'appartement que m'avait prêté Philippe, après les évènements de 1991, au cours desquels j'avais perdu mon domicile familial, saisi et occupé par un officier du pouvoir de l'époque. Une autre histoire, une autre vie !

Au début de cette année fatidique de 1997, après l'acte chirurgical, papa était resté pendant cinq mois avec ses petits-enfants, convalescent, mais heureux. Ce fut l'unique fois où j'avais passé autant de temps avec mon père et profité de lui. Nous avions pris le temps de nous parler et d'approfondir ma formation, notamment sur les arbitrages qu'il rendait depuis qu'il avait repris son rôle de chef du village. Il voulait aussi m'apprendre certaines méthodes traditionnelles pour soigner les maladies d'ordre mystique comme les envoûtements et autres... Il se rendit compte que cela ne m'intéressait pas vraiment. Je crois que c'est à mon petit frère Philippe qu'il finit par transmettre ce savoir. Par contre, je lui demandai la signification du geste qu'il faisait régulièrement chaque fois qu'un enfant venait au monde. Il m'expliqua, alors, que dans la tradition, le cordon ombilical faisait l'objet d'une attention toute particulière. En effet, à chaque naissance, un bout de chair de cet organe était conservé et emballé dans un bout de tissu généralement bleu, contenant déjà des morceaux prélevés antérieurement sur d'autres bébés. Papa m'expliqua que dans les temps anciens, chaque fois que l'emballage prenait des proportions importantes, un rituel spécifique du lien avec les ancêtres permettait de l'enterrer à un endroit retenu pour mettre en communion les générations d'une même famille entre elles. Il insista sur l'importance de ce qu'il nommait « la maison de la famille », dont le sol portait la mémoire de sa famille, faisant allusion à la rue Bacongo, comme pour me prévenir de ne jamais m'en séparer. Nous n'avions pas eu le temps d'approfondir cette histoire, nous fûmes malheureusement interrompus par la guerre civile qui éclata quelque temps après, en juillet de cette année.

Nous étions sortis de ce piège, en partie, grâce à papa qui, malgré les coups de feu, les balles traçantes qui sifflaient et brisaient les vitres, resta lucide, coordonnait les déplacements, indiquait les coins de la maison les plus sécurisés et rassurait

Eliane, sa belle-fille, inquiète pour ses enfants. Pendant les moments d'accalmie, je regardais ce corps affaibli par la maladie et par les épreuves de la vie et me reprochais d'avoir retenu mon père à Brazzaville, lui imposant pour la deuxième fois, une si grande émotion. Même si au fond de moi-même je savais que sa présence me rassurait, j'aurais aimé le savoir loin de ce drame dont il était évident qu'il serait plus meurtrier que le premier. En effet, en 1959, on se battait à la machette et au couteau. En 1997, il s'agissait des kalachnikovs, des orgues de Staline, d'hélicos et autres armements plus meurtriers les uns que les autres.

Cette guerre civile fut terrible. Je n'ai pas souhaité en parler. J'ai voulu m'en tenir à deux épisodes qui m'avaient fortement marqué. Après notre évacuation par les troupes françaises, du centre-ville vers Bacongo où nous avions été accueillis par ma belle-famille, mon père disparut le lendemain. Toute la journée, sans nous soucier de notre propre sécurité, alors que les balles sifflaient et que les obus éclataient de partout, faisant de nombreux morts, Eliane, ma femme, Marcus, mon « mbada »[31], officier de l'armée nationale, et moi-même avions arpenté sans succès les rues du quartier pour essayer de le retrouver. Le soir venu, fatigués et convaincus que l'inévitable était arrivé, nous nous effondrâmes dans nos lits, chacun avec ses pensées, ses remords et son chagrin.

Le lendemain vers midi, alors que nous avions perdu tout espoir et nous nous demandions comment nous allions annoncer aux autres parents cette terrible nouvelle, nous vîmes papa entrer dans la parcelle, sans expression, comme si tout était normal, comme s'il revenait du magasin d'à côté. Je ne pus me maîtriser, je fonçai sur lui et me mis à le secouer, oubliant son état, hurlant des paroles décousues pour expliquer le désarroi que sa disparition inexpliquée m'avait occasionné, pleurant de toutes mes larmes. Je ne me souviens plus exactement comment tout cela s'était arrêté, je m'étais retrouvé dans les bras de mon

---

[31] Epoux de la sœur de ma femme. Veut dire également seconde épouse ou concubine.

père dans la chambre qui lui avait été affectée, fatigué et prostré, pendant qu'il essayait calmement de me donner des explications sur son absence.

J'étais vidé et ne voulais aucune explication. Je souhaitais simplement me blottir dans ses bras, ressentir cette énergie si particulière qui émanait de ce corps usé, m'enivrer de cette odeur paternelle qui inondait mes sens depuis ma plus tendre enfance. Il se mit à parler d'une voix neutre, sans colère, mais avec une teinte d'amertume, de son impuissance de père devant cette situation qui lui rappelait 1959, et lui faisait remonter douloureusement le souvenir de sa femme. Comme en 1959, il ne pouvait pas accepter cette fatalité. Il avait donc décidé de franchir les tranchées de cette ville déchirée par la haine des hommes, pour rejoindre sa fille et ses petits-enfants restés coincés à la rue Bacongos où Hélène s'était installée avec son mari. Comme en 1959, il avait franchi une « rue mbochis iminginaire » et les avait conduits derrière ce qu'il pensait être la ligne de sécurité, à Talangaï, un quartier récent de Brazzaville, à l'extrême Nord. Il savait que les armes de cette guerre pouvaient frapper n'importe où, mais ce quartier donnait, malgré tout, une illusion de sécurité qui rassurait.

Il n'avait pas de choix, disait-il, il ne pouvait pas m'en parler. J'aurais demandé de l'accompagner, il ne voulait pas me faire courir ce risque. Il n'avait fait que son devoir de père, disait-il. J'étais resté silencieux. Je pensais à cette autre année de folie humaine qui nous avait poussés, de nuit, à fuir au village. Quel père n'aurait pas fait autant ?

Plus tard, je croisai ma petite sœur à Bacongo avec son mari. Ils avaient à leur tour pris le risque de venir percevoir les salaires qui se payaient uniquement dans cette partie de la ville aux mains du pouvoir en place et où siégeait un gouvernement autoproclamé malgré le contexte apocalyptique et irréel des combats en cours. Cet épisode ajoutait à mes interrogations les mystères de mon père : comment faisait-il dans des moments aussi graves pour résister à la force des énergies émotionnelles, pour les contenir et rester, quel que fût ce qui se passait, maître de lui ?

Je n'avais pas attendu longtemps avant de me retrouver devant le même dilemme. La guerre faisait rage, les obus venant de Kinshasa, en riposte aux erreurs de tirs des belligérants d'en face, tombaient partout, faisant de nombreuses victimes innocentes. Mieux, nous n'étions plus en sécurité à Bacongo, le chef politique du Mouvement congolais pour la démocratie et le développement intégral, en sigle MCDDI, ancien partenaire du Parti congolais du travail (PCT), en guerre contre l'Union panafricaine pour la démocratie sociale, en sigle UPADS, venait de signer une alliance avec le chef du parti au pouvoir et rejoint le camp du président de la République sortant, mettant en danger tous les partisans du PCT réfugiés dans cette partie de la ville. Je pris, alors, l'étonnante décision de faire traverser ma famille pour rejoindre Kinshasa d'où il était possible de prendre un avion pour regagner Pointe-Noire.

Pendant des heures interminables, je regardais impuissant Eliane, mon épouse, mes deux garçons Davy et Chriss, mes deux filles Daniella et Sarah, et Ruddy, le fils aîné d'Alfred qui n'avait pas pu rejoindre le domicile familial le jour du déclenchement de cette affreuse guerre et qui, depuis ce jour, vivait ce drame avec nous, s'éloigner sur ce fleuve immense, dans un embarquement précaire ; une simple pirogue de pêcheurs, sous une pluie d'obus tirés des deux rives. Je savais que cette décision comportait des risques incalculables, mais je n'avais pas de choix. Pire, nous n'avions pas, comme aujourd'hui, des moyens de communication satellitaire. Il fallait attendre le retour des convoyeurs pour connaître l'issue de cette traversée improbable que de nombreux récits décrivaient comme mortelle. Comme mon père, je n'avais prévenu personne de mon initiative, même pas les miens que j'avais conduits au débarcadère de « la main bleue »[32] sans qu'ils sussent où nous allions. C'était une décision que je voulais assumer seul. La guerre prit fin, toute ma famille avait survécu.

---

[32] Berge du fleuve Congo située à Bacongo qui sert de port clandestin aux trafiquants entre Brazzaville et Kinshassa.

Papa était revenu à Brazzaville une troisième fois, très affaibli par la maladie qui était en train de gagner le combat permanent que chaque humain mène dès sa naissance. Il avait eu une attaque cardiovasculaire qui l'avait partiellement paralysé. Nous avions décidé de le faire évacuer en France à nos frais, pour des soins plus appropriés. C'est ainsi que notre père, à 65 ans, avait découvert l'Europe et réalisé peut-être un vœu secret. Nous étions fiers, particulièrement Philippe qui avait fait le déplacement avec lui.

Il était revenu neuf mois plus tard guéri, mais affaibli. Il avait perdu cette énergie qui le caractérisait et lui faisait préférer les jeans aux pantalons ordinaires. Il ressemblait maintenant à un vieillard. Nous avions décidé qu'il ne repartirait plus vivre au village et l'avions réinstallé à Pointe-Noire où il avait retrouvé ses quartiers d'antan.

Père franchit le fleuve qui mène vers l'Orient éternel trois ans plus tard. Je devais me rendre en France pour une mission de service, quand je ressentis comme un appel. J'avais une envie pressante de voir papa avant de prendre mon vol du lundi soir. Je pris donc un billet pour Pointe-Noire pour rejoindre le groupe de mes frères Philippe, Michel, Fidèle et notre père. Nous avions passé le week-end ensemble en famille. Nous ne nous étions plus revus depuis six mois.

J'avais trouvé tout le monde en pleine forme. Nous avions passé la soirée à boire et à écouter papa nous raconter des blagues. Le lendemain matin, papa qui priait beaucoup depuis un moment, nous demanda de l'accompagner à l'église. Mes frères refusèrent. Je me retrouvai seul avec papa. Après la messe, au lieu de rentrer à la maison, il me proposa que nous allions faire un tour au Bas-Kouilou, un merveilleux site touristique situé à une quarantaine de kilomètres de Pointe-Noire, là où le fleuve du même nom se jette dans la mer. Nous nous déchaussâmes et marchâmes pieds nus le long de la mer, en nous amusant à éviter les crabes qui inondaient cette plage, car ils étaient capables de vous arracher un ongle le jour de votre malchance comme on dit par ici.

Papa était de très bonne humeur. Il n'arrêtait pas de parler de tout et de rien, selon l'expression consacrée. Je ne l'écoutais plus. J'étais émerveillé par la beauté sauvage de cet endroit. Au bout d'une heure, après que nous nous étions affaissés sur les bancs d'un des « Ngandas »[33] qui jalonnaient la plage et commandé des rafraichissants, sans transition, il me reposa la question.

Sur le champ, je crus qu'il voulait simplement changer de sujet de discussion, mais à son air grave, je compris qu'il était sérieux. Ce fut la dernière fois que nous exécutâmes jusqu'à son terme le « rituel du questionnaire sur mon avenir ».

La question de mon père

« Maintenant que tu as terminé tes études, quels sont tes projets pour l'avenir ? » Telle fut la première question que mon père m'avait posée, après les embrassades de la famille, le jour de mon arrivée au mois de juin de cette année 1978. J'avais vingt-six ans. J'étais porté par l'euphorie du retour au pays. Je ne m'interrogeais pas sur mon avenir, je répondais sans trop faire attention que je deviendrais fonctionnaire comme tout le monde. N'était-ce pas le but de mes longues études ? Mon père était resté perplexe et n'avait pas insisté.

Pourquoi vingt-trois ans plus tard, il me posa la même question ? De quel avenir pouvait-il parler ce jour-là, alors qu'il reconnaissait que son fils, malgré les aléas de parcours d'un cadre sans parrain, avait pour l'essentiel réussi sa vie professionnelle. Je pensais avoir rempli mon contrat, mes frères et sœurs aussi d'ailleurs. Au-delà de toute espérance, nous avions inscrit son nom dans le livre d'histoire de son pays. On connaissait les LEKOBA. Peut-être pensait-il que je n'étais pas allé assez loin. Je regardai mon père qui avait l'air absent, comme s'il s'attendait à la même réponse qu'autrefois, puis les

---

[33] Débit de boisson généralement précaire, lieu où l'on se retrouve pour partager un verre d'amitié.

souvenirs défilaient.

J'avais, en effet, commencé ma carrière administrative sans projet arrêté, avec l'insouciance de la jeunesse, tout excité et prêt à croquer la vie à pleines dents. J'étais devenu fonctionnaire sans effort. Comme tous les étudiants qui terminaient leurs études à cette époque, j'avais été mis à la disposition du ministère en charge des questions forestières, puis affecté au service des études économiques. Quand je pense au parcours de combattants que les diplômés actuels font pour se faire recruter dans la même fonction publique ou simplement trouver un emploi, j'ai des frissons pour mes enfants.

J'étais revenu dans mon pays dans le contexte de l'après-Marien NGOUABI, président assassiné dans des circonstances troubles, dont la succession, mal assurée, laissait présager une crise politique inévitable au sein de la classe politique, entre les marxistes purs et durs et ceux qui étaient présentés comme des révisionnistes. Après une période d'incertitudes, un congrès extraordinaire du parti unique fut convoqué. Le président du Comité militaire du Parti congolais du travail, le général Joachin YOMBI OPANGO, qui avait succédé au commandant Marien NGOUABI, céda le pouvoir à un autre officier, le général Dénis SASSOU-NGUESSO.

Je n'étais pas véritablement engagé à cette époque en politique. J'avais encore dans mon esprit l'épisode de la commission de contrôle et de vérification. J'étais, pour ainsi dire, loin des enjeux politiques du moment et j'étais donc surpris quand on me sollicita pour prendre en charge le service des études économiques au secrétariat général du comité central du parti. Ainsi débuta mon flirt avec le monde politique, avec le camarade Camille MBONGOU comme mentor.

Je n'avais pas un plan de carrière précis. Je m'étais laissé longtemps entraîner au gré des évènements sans vraiment donner une direction à mon ambition, jusqu'à cette terrible sanction, suite au Conseil d'administration de la Congolaise de pêche maritime, en sigle COPEMAR. J'étais, depuis un an, conseiller économique du commissaire politique de la région du

Kouilou, le camarade Alphonse FOUNGUI. Je pris part à cette réunion au moment où bruissaient les rumeurs sur le remaniement ministériel, généralement vécu par les dignitaires du régime comme une période où tous les coups sont permis. C'est ainsi que je fis les frais avec deux autres cadres, des ambitions du ministre en charge à cette époque du dossier de cette entreprise d'Etat et je fus révoqué de mes fonctions sans autres formes de recours. Je me retrouvai ainsi, du jour au lendemain, sans emploi, dans un système politique de parti-Etat, catalogué.

A trente-quatre ans, le ciel m'était tombé sur la tête, ceci d'autant plus que je ne comprenais pas ce qui, en réalité, se jouait, ni ce que j'étais venu faire là-dedans. Pour la première fois, je crois, je réalisai la fragilité de ma position, et le sens de la question que mon père m'avait posée au début de ma carrière. J'étais marié. J'avais deux enfants et je ne savais pas par où commencer. J'écrivis une lettre d'explication que j'adressai au chef de l'Etat. Elle resta sans suite. Ce fut, de mon point de vue, la raison profonde de ma prise de conscience.

Mon père était venu me chercher et m'emmena au village où nous étions restés six mois. Au terme de ce séjour, papa m'avait posé exactement la même question : « Maintenant, quels sont tes plans pour l'avenir ? »

Je lui avais répondu que j'avais appris. Mais, j'attendis encore quatre ans avant de commencer à construire une réponse à cette question difficile, pendant que des rumeurs sur un changement de régime inondaient la cité.
L'époque était trouble. Les revendications fusaient de partout. Le danger guettait les meneurs. Les déplacements étaient surveillés. C'était la période qui précédait la Conférence nationale souveraine. Je baignais dans la mare des opposants au régime. Elle était constituée d'anciens apparatchiks qui avaient des comptes à régler, des cadres qui laissaient éclater les frustrations accumulées pendant la période du monopartisme et qui voulaient en découdre avec le pouvoir en décadence et de nombreux jeunes, comme moi, qui voulaient prendre leur place

et s'impliquer dans la vie politique dans le contexte des démocratisations en cours en Afrique et dans leur pays.

C'est ainsi que je devins cosignataire de la fameuse lettre ouverte de juillet 1991. Ce fut, je le crois, l'acte fondateur de mon engagement conscient dans le champ politique. Quand je voulus en parler à mon père, il m'arrêta et me dit simplement de faire attention.

Après la conférence nationale souveraine, le surgissement des enjeux ethno-régionaux dans l'arène politique me conduisirent à quitter le Rassemblement pour la démocratie et le progrès social, en sigle RDPS, puis à rompre avec le Mouvement africain pour la reconstruction sociale, en sigle MARS, deux partis dont j'étais co-fondateur. Nous avions, avec Alfred OPIMBAT, Jacques BANANGADZALA et d'autres camarades dissidents de MARS, créé l'Alliance congolaise pour l'ouverture et la solidarité, en sigle ACOS. Nous avions rejoint le rassemblement des partis qui composaient l'alliance « PCT et Apparentés ».

Enfant de Poto-poto, je me trouvai embarqué dans une configuration sociopolitique fortement régionalisée. Acteur des changements démocratiques survenus dans le pays, je me trouvai arrimé au sort des dignitaires du parti unique, finalement plus ouverts que les forces dites du « changement ». Pire, dans cette ambiance délétère de revendications généralisées, les ressortissants de ce qui deviendra le département de la Cuvette-ouest, dont je suis originaire, se révoltèrent et demandèrent la création d'une région distincte de la Cuvette dont ils dépendaient. Là également, je me trouvai embarqué dans un conflit identitaire, en contradiction avec la culture de Poto-poto et avec mes convictions républicaines.

Etrange parcours. Etait-ce le résultat des remises en cause inévitables dans le feu d'une actualité politique complexe, la conséquence des ruptures nécessaires à la mise en œuvre du projet d'une société démocratique en construction, ou simplement, la tentative maladroite d'un enfant à qui on demande de rendre, à temps, une copie sur un sujet difficile ? Je n'avais pas de réponse à la question de mon père.

Plus tard, mes tentatives de père pour emmener mon premier garçon à répondre à la même question sont restées vaines jusqu'à ce jour. Son silence me faisait penser à mon père, à sa patience qui était la sienne, aux espoirs qu'il mettait sur moi, à la confiance jamais remise en cause qu'il m'accordait. Un jour, mon fils trouvera son chemin. Ce jour-là, il me fera, à son tour, la promesse que je fis à mon père sur la plage du Bas-Kouilou.

Sur cette plage

Je répondis à la question de papa et lui annonçai mon intention de repartir au combat politique comme candidat aux prochaines élections législatives de 2002. J'avais fait une première tentative en 1992 et une deuxième aux élections anticipées de 1993, conséquence des troubles politiques des années du conflit permanent. Je pensais avoir gagné cette fois-là, mais la proclamation des résultats avait obéi à d'autres règles. Je lui dis mon enthousiasme et rassurai mon père sur mes chances.

La plage était de plus en plus envahie par des familles venues prendre du bon temps en ce dimanche ensoleillé. Le bleu du ciel qui se reflétait sur l'eau donnait l'impression que des milliers d'ampoules illuminaient ce majestueux océan qui borde la côte atlantique. Il faisait de plus en plus chaud. Je sentais que papa était fatigué. Je lui proposai de rentrer, mais quand il se leva, c'était pour me demander de reprendre la marche. Il n'avait fait aucun commentaire sur ma réponse à sa question. Le regard perdu, scrutant l'horizon, comme s'il pouvait voir au-delà de cette étendue interminable d'eau salée, il donnait le sentiment de penser à autre chose.

Il reprit la parole pour me parler de ma petite sœur Brigitte, décédée deux ans après notre mère. Il me rappela les circonstances de son décès au village, loin de Brazzaville où elle aurait pu être sauvée. C'était la première fois que nous abordions le sujet. Je lui demandai pourquoi et surtout maintenant. Encore une fois, Il ignora mon observation et me demanda de ne jamais abandonner un enfant. Mon père pensait avoir eu tort de confier, après la disparition brutale de sa femme, ses filles à Nhya et à son frère Albert. Brigitte était partie vivre au village et Lucie, « mwana ntsuka », qui n'avait que cinq ans, s'était envolée pour Libreville. Mon père me répéta sa recommandation : « …ne jamais faire cette erreur, quelles que soient les circonstances. » Il ajouta qu'il avait perdu le contrôle de ses filles à partir de cette séparation. De quel contrôle parlait-il?

Après un temps de silence pendant lequel, sans que je comprisse pourquoi, le souvenir de cette arrivée impromptue de mon père à l'hôpital me revint à l'esprit, je lui demandai à quoi il faisait allusion. Il me regarda et répéta sa recommandation. Pourquoi mon père se culpabilisait-il, tant d'années après, comme si, au moment où il aspirait au repos éternel, il avait besoin de lire à travers le miroir de sa vie pour mieux se retrouver ? On dit que l'inconscient est la clef de nos dettes existentielles.

Mon père s'était construit un autre univers après les décès de maman et de Brigitte, pour échapper aux souvenirs et à ce qu'il croyait être les erreurs de sa vie. Je pensais qu'il était en train d'être rattrapé par les remords. Il avait décidé de les solder avant que cette force mystérieuse qui assombrissait chaque jour son horizon ne l'entraînât ailleurs. Le retour au village l'avait transformé, il semblait serein, il attendait la fin sans angoisse. Je me disais qu'en allant chercher au village, dans le silence de cette forêt où il avait poussé son premier cri et qui lui avait servi de première école de la vie, des réponses sur le sens de sa vie, mon père avait, me semblait-il, réalisé son ascension vers l'ultime vérité, celle qui conduit à la conscience originelle et qui libère des angoisses terrestres.

Il faisait de plus en plus chaud, j'insistai pour que nous rentrions. Cette fois, il acquiesça et m'entraîna vers le bois des singes, une forêt primaire clairsemée qui bordait la mer le long de la plage et qui servait d'habitat aux pique-niqueurs. Nous nous étions assis sur le tronc d'un arbre arraché certainement par les vents violents qui soufflaient régulièrement par là, et papa me donna, enfin, son sentiment sur mes projets.

Il était d'accord pour que je me présentasse aux élections. Il regrettait de ne plus avoir assez de force pour m'accompagner. Il aurait voulu me présenter dans les contrées éloignées de la circonscription électorale où il avait de solides amitiés. Il disait ne plus être d'aucune utilité, ni pour moi, ni d'ailleurs pour tous ses autres enfants. Puis, il me rassura que j'allais gagner, dans la douleur, certes, mais j'y arriverais. Je serais en effet élu député, mais ne porterais pas les couleurs du PCT, dont je suis devenu membre depuis quelque temps. Une autre histoire, une expérience difficile, le combat permanent d'une vie.

Après cette promesse, il se tut. Je ne voulais pas le déranger. Le silence s'installa, rompu par le perpétuel mouvement des vagues de la mer et par le chant des oiseaux qui survolaient la plage en bande. Sur cet endroit merveilleux où le ciel et la mer se rejoignaient et où se rencontraient le fini et l'infini, j'entendis comme dans un rêve mon père m'annoncer qu'il fallait partir. Il le sentait. Ce n'était plus un besoin passager comme on peut le ressentir, de temps en temps, dans des moments de désarroi ou de grande fatigue. Il était temps qu'il demandât le passage. Il était déjà attendu de l'autre côté. Là-bas, disait-il, il veillerait mieux sur nous. Il retrouverait grand-père, maman, Brigitte et tous les autres.

Je restai sans réaction, j'avais beau avoir été préparé, je n'avais pas imaginé que cela se passerait ainsi. Je lui rappelai simplement que je devais voyager lundi. Il me répondit qu'il m'attendrait. A notre retour à la maison, il se dirigea sans dire mot dans ses appartements, pendant que mes frères m'interrogeaient de leurs regards inquiets. J'eus alors la nette impression, à leur expression, que ce qui était demeuré secret chez notre père, se lisait clairement sur moi, mais je me dirigeai à mon tour vers ma chambre pour rassembler mes affaires et me rendre à l'aéroport.

« Le vieux Tostao », surnom que nous lui avions donné pour nous moquer de son fanatisme exacerbé de l'équipe de football « Etoile du Congo »[34], mourut mercredi. Je repris l'avion le jeudi pour Brazzaville. Papa m'avait appris ce jour-là, pendant cette promenade testamentaire au bord de la mer, que notre existence terrestre trouve des réponses en nous-mêmes. J'avais également compris ce jour-là qu'il était du devoir des enfants de perpétuer la mémoire de leurs parents, de transporter le souvenir des vies qui ont donné la vie dans l'éternité.

Sur l'autoroute

J'étais sur l'autoroute pour la marche quotidienne. Nous avions déjà parcouru plus de trois kilomètres quand je ressentis une contraction musculaire sur ma jambe gauche. Je voulus forcer en me disant que la douleur serait passagère, mais j'avais trop mal, je dus m'arrêter et faire signe aux autres de continuer. Mon agent de sécurité resta avec moi pendant que mes compagnons poursuivaient leur effort. Un groupe de femmes qui rentraient des plantations et voulaient se débarbouiller dans la rivière qui coulait en contre-bas du pont sur lequel je m'étais appuyé s'approcha. M'ayant reconnu, elles s'inquiétèrent et s'installèrent en cercle autour de moi. L'ancienne m'interrogea du regard, sans parler, je lui désignai ma cuisse, puis j'essayai de rassurer toutes ces femmes épuisées par une dure journée de travail champêtre, mais qui, au lieu de se jeter dans cette eau réparatrice, se souciaient de ma douleur. Elles protestèrent et se concertèrent rapidement dans une langue que je ne comprenais pas. L'ancienne repartit rapidement vers la brousse, pendant que les autres dissertaient sur mon cas et me conseillaient de prendre du repos. Elle revint avec un mélange de feuilles qu'elle avait écrasées avec ses deux mains et mélangées en

---

[34] Une des grandes équipes de football du Congo dont les supporters sont majoritairement originaires du nord.

utilisant des ongles noircis par cette terre nourricière qu'elle retournait chaque jour, avant de les appliquer sur ma cuisse, là où mes mains essayaient vainement de calmer la douleur de ce que je pensais être une simple crampe. Elle me demanda de maintenir la pression, le temps pour ses camarades et elle de se rafraîchir pour être présentables aux yeux de leurs maris impatients.

Nous nous connaissions de vue et nous nous saluions chaque fois que nous nous croisions. Je scrutais généralement leurs visages, espérant reconnaître celui de « Maman », sans jamais oser les interroger. Je saisis cette occasion pour m'en quérir, essayant au mieux que je pouvais, de décrire cette femme. D'une seule voix, comme si elles s'attendaient à cette question, elles répondirent en chœur que « Maman » qui s'appelait en réalité « Ma Adèle » était tombée malade et que son frère l'avait ramenée dans son village natal pour y recevoir des soins. Mon trouble dut être grand, parce que j'avais senti la main de l'ancienne qui était remontée la première pour vérifier l'effet de son traitement, me prendre la main et me chuchoter à l'oreille, cette fois-ci dans ma langue natale, qu'elle était sûre que « Maman » guérirait et reviendrait très bientôt parmi elles. J'avais pensé « parmi nous », mais j'avais surtout pris conscience que ces femmes savaient, elles avaient compris, sans que je l'exprimasse, que je cherchais « Ma Adèle ». Elles connaissaient notre histoire et partageaient cette relation, comme si elles ne faisaient qu'une, et que toutes finalement étaient « Maman ».

Je n'avais plus mal. J'avais un peu honte d'avoir été pris en flagrant délit de faiblesse. Mais, pour ces femmes, je n'étais pas monsieur le préfet, mais simplement leur fils. Mes compagnons de marche revinrent. Je saluai mes bienfaitrices et repris la route.

Ce jour-là, j'avais mis un nom sur le visage de cette inconnue que j'appelais « Maman ». Ce jour-là, je sus que « Maman » était de ma culture. Elle était fille de cette migration qui avait conduit mes ancêtres de leur Cuvette natale vers ces contrées lointaines de la Lékoumou et du Niari. Ou encore était-elle plus surement, une sœur de ma mère, un produit des amours de jeunesse de mon grand-père, pendant ce long séjour qu'il avait passé comme ouvrier sur les chantiers du chemin de fer Congo-Océan ? Et donc une cousine lointaine de ma mère ? Cela expliquait la ressemblance, mais surtout le regard. Cette pensée m'avait ému, en tout cas, ce jour-là, une fois de plus, le destin m'avait fait un clin d'œil.

Dolisie

Je déambulais à pieds, dans les rues de Dolisie. Je le faisais souvent et je considérais la marche comme le meilleur moyen pour découvrir cette ville que je ne connaissais pas encore bien. Dolisie est une bourgade coloniale qui mélange modernité et organisation sociale de type rurale. Le visiteur averti n'est donc pas surpris de rencontrer des femmes, de retour des plantations, portant leurs paniers remplis de provisions au dos, ou des hommes tenant des armes blanches à la main de retour de chasse ou de la cueillette des fruits sauvages, des moutons et autres animaux domestiques en divagation dans la rue, obligeant des automobilistes à ralentir pour les éviter ou encore, des collecteurs de vin de palme offrant leurs services en plein centre-ville.

Au détour d'une rue, je croisai un homme assez âgé que je croyais connaître. Lui aussi semblait me reconnaître puisqu'il m'appela par mon prénom ; ce qui n'est pas courant. Généralement, on dit « Monsieur le préfet ». Sa voix, si particulière, me ramena des années en arrière.
Je venais de recevoir ma première affectation. Après mon intégration dans la fonction publique. Je fus mis à la disposition du ministère de l'Economie rurale qui regroupait à l'époque les forêts, l'agriculture et l'élevage. J'avais été affecté à la caisse de stabilisation des produits agricoles et forestiers, un projet réalisé avec le concours de l'Union européenne pour garantir les prix aux paysans et aux acteurs de l'économie forestière. Le directeur général, un vieux fonctionnaire jaloux de ses

prérogatives, ne voyait pas d'un bon œil l'arrivée d'un jeune cadre, surtout qu'il entretenait des rapports exécrables avec le reste du personnel qu'il dominait et écrasait, arguant sa très grande expérience administrative. Je le revoyais encore, me recevant dans son bureau et m'expliquant ce qu'il nommait le « b-a-b » du fonctionnaire stagiaire.

Manipulé par les travailleurs qui pensaient avoir, enfin, à leur portée, une pièce de rechange pour en découdre avec leur « bourreau » de directeur général, j'acceptai les responsabilités de premier secrétaire du syndicat d'entreprise, structure redoutée par les directeurs à l'époque de la « trilogie déterminante »[35], et me mis à dos le patron. Cette naïveté me fit très vite renvoyer du ministère pour « activités subversives », ce qui, dans le vocabulaire révolutionnaire de l'époque, avait une implication politique lourde et pouvait conduire à des sanctions exemplaires. Je m'en étais plutôt bien sorti.

Celui qui était là, debout en face de moi, avait été au cœur de cette intrigue. Un court instant, je me demandai comment cet homme qui parlait ma langue était venu prendre sa retraite à Dolisie et se disait être chez lui. Interrogation classique qui rend perplexes tous ceux qui découvrent pour la première fois cette réalité.

Dolisie est, en effet, une ville de migration, née du mélange d'ethnies venues du nord et du sud du Congo, mais également des pays de l'Afrique équatoriale française (A.E.F), pour construire le « Chemin de fer Congo Océan » dont la saga plusieurs fois décrite, témoigne de l'un des faits majeurs de la brutalité coloniale au service des intérêts économiques et financiers des métropoles occidentales. Ville du carrefour, mélange de culture et par définition ville de tolérance, portée par une industrie forestière prospère et une économie de transit et des services, animée par les Portugais, les Grecs et les Français, Dolisie était considérée comme un havre de paix.

---

[35] Organe de délibération à l'époque du parti unique, où les décisions se prenaient par consensus entre l'Etat, le parti et le syndicat.

Malheureusement, ici également, à l'image de Poto-poto, l'histoire politique récente de notre pays a, en très grande partie, détruit cette expérience originale d'intégration et de construction de la Nation congolaise.

J'étais ému. J'essayai de me souvenir de l'homme qui était en face de moi, tel qu'il était à l'époque. Je me rappelle son désarroi quand il avait appris mon renvoi au ministère. Il se sentait, à juste titre, responsable de ce qui m'arrivait. Il était venu voir mon père à la rue Bacongos et proposé ses services pour « aller consulter »[36], proposition que mon père déclina rapidement. Le lecteur se souvient que papa m'avait par la suite emmené au village pour, au fond, faire ce qu'il avait cru devoir refuser, venant d'un étranger à la famille.

Nous restâmes longtemps à échanger. Moi, lui reprochant de ne pas s'être annoncé après ma nomination comme préfet siégeant à Dolisie où il résidait. Lui, me rappelant que mon statut et le temps écoulé ne simplifiaient pas les choses. Moi, le pressant de tout me raconter sur sa vie après notre séparation ; lui, me blâmant pour mon incrédulité et pour cette habitude que j'ai, de me balader tout seul, sans sécurité, dans une ville surnommée « le tombeau des cadres » par les populations, expression terrible qui accueille les autorités politiques nommées dans ce département. Nous sommes nombreux à penser que ce cimetière imaginaire est surtout rempli des fantasmes politiques de ceux qui rament à contre-courant de la construction de l'unité nationale.

C'est vrai que quelquefois mon élan pour Dolisie et le Niari est tempéré par le poids d'une culture de repli identitaire à l'origine de cette violence verbale gratuite. Dans un département réputé difficile où le moindre fait qui, ailleurs, passerait inaperçu prend des proportions étonnantes et fait intervenir dans les affaires de l'Etat des entités dites de la société civile, mais en réalité de caractère « syndicalo-culturel et traditionaliste », l'application stricte des règles de la République est tout simplement difficile.

---

[36] Recourir aux services d'un féticheur.

La dictature du fait culturel est terrible par ici. J'avais été prévenu. Mes prédécesseurs m'avaient laissé entendre qu'il n'était pas simple de décider en toute sérénité, tellement le flot des revendications, interventions et turbulences qui traversaient le large champ des responsabilités du préfet paraissait intarissable, qu'il n'était pas toujours facile de trouver le bon équilibre, de rester pragmatique dans ses choix et d'imposer l'application stricte des textes et règlement de la République, contre ce qu'ils nommaient la sourde et, même, brutale sévérité des opinions gratuites distillées par ce qu'ils nommaient le despotisme géo-tribaliste.

Je me rappelle d'avoir écrit dans mon discours d'intronisation que « ...je prends l'engagement devant les cadres politiques et administratifs, les sages et les populations du Niari, d'œuvrer pour une gestion apaisée, dépassionnée et désencombrée des hiérarchies administratives... J'essayerai, face à la complexité des sujets à traiter, d'établir des rapports de dignité avec tout le monde, notamment avec les différentes communautés et avec les différentes sensibilités politiques présentes dans le département ».

Rien n'y fit, car malgré cette proclamation de foi, en dépit de mes efforts, je fus l'objet à mon tour de quelques tentatives de cette manipulation orchestrée par quelques uns, à l'origine de cette réputation sinistre, qui fait tache sur une population, en réalité, accueillante et chaleureuse. Mon vieux compagnon avait certainement raison. Nous avions pris rendez-vous pour qu'il organise mon éducation et me présente aux « parents ».

Heureusement, Dolisie et le Niari sont au-dessus de ces contingences géopolitiques, cette ville est une partie de mon pays et, comme la majorité des Congolais qui y vivent, j'y suis attaché. J'aime Dolisie, en dépit de cette terre rouge acre qui se transforme en boue désagréable pendant les saisons de pluies, de cette poussière qui s'installe dans tous les compartiments de votre existence. J'aime cette ville à cause de cette tranquillité qui rompt avec le tumulte de Brazzaville. Je me sens reposé dans cette cité encastrée dans des collines, dont le climat tempéré et les senteurs des forêts, portées par les vents et mélangées aux effluves si particulières de l'argile après la pluie, inondent les habitations et rappellent le village.

J'y ai fait venir mes enfants, les tout petits, Brice, Patrick, Paule et Jeancia, contre l'avis de leur maman qui souhaitait les garder à Brazzaville. Je voulais que mes enfants découvrent cet environnement semi-rural qui les changerait de Paris où ils sont nés et ont passé leur enfance et des grandes villes, Brazzaville et Pointe-Noire, qu'ils préfèrent. Je souhaitais secrètement les rapprocher de la nature et des paysages exceptionnels de la capitale de l'or vert, mais également leur donner la possibilité de quitter temporairement les écoles huppées que fréquentent les enfants des « dignitaires » de Brazzaville pour qu'ils se mélangent et apprennent, au contact des « enfants du peuple », les langues et la culture de chez nous.

Ils iraient, ainsi, loin des jeux vidéo devant les écrans de télé dans des salons climatisés qui sont leur quotidien, à cette école de la vie, dans la poussière des terrains de football, des bagarres rangées entre copains, des voyages de quartier en quartier et de tant d'autres choses que seule la rue apprend aux hommes. Je savais, par expérience, que le monde feutré dans lequel ils vivaient, qui faisait ma fierté de père, n'était pas forcément le meilleur moyen pour les préparer aux difficultés de la vie. Il était de mon devoir de leur faire prendre conscience très tôt de certaines réalités encore invisibles à leurs yeux. Les enfants avaient opposé beaucoup de résistance au début, mais ils ont fini par s'accommoder à cette décision. J'ai repensé à mon père et à ce jour où il m'avait annoncé mon départ pour Makoua. Etais-je inconsciemment en train de reproduire une histoire écrite d'avance ?

Six mois après, quand je rentre du travail et trouve mes enfants avec leurs copains en train de jouer, ou lorsque je les entends baragouiner le « kituba », je ressens une certaine fierté. Il m'arrive de m'associer à eux pour disputer des matchs de babyfoot, ce qui enchante particulièrement ces enfants venus de « la cité », qui découvrent que « Monsieur le préfet » est finalement comme tous les pères.

L'image de ces enfants encore innocents que la vie n'avait pas encore séparés me ramenait dans « les sans-fils », ce no mans land entouré de fils barbelés de la société des postes et télécommunications qui séparait les quartiers Ouenzé et Mpila, où nous partions jouer au cache-cache dans les hautes herbes et creusions la terre, à la recherche des grillons que nous ramenions le soir à la maison pour jouer au « liyoto »[37]. Ce sont de tendres souvenirs, mais que sont-ils tous devenus, mes copains d'enfance ?

Le groupe

Nous sommes chez Michel. Nous y sommes rassemblés pour commémorer la mémoire de notre ami Yvos que nous avons accompagné à sa dernière demeure la veille. Sont présents, Alfred, député et ancien ministre, Fréderic, médecin directeur d'hôpital, Olas, conseiller à la présidence de la République, Samy, directeur général de la statistique, Yves, conseiller au ministère de l'Industrie, Sabrosso, cadre à la mairie de Brazzaville, Paulin, cadre à la société nationale des pétroles du Congo et ancien conseiller à la présidence de la République, Zalakanzi, homme d'affaires, Emerson, colonel et directeur de la police et d'autres, soit une trentaine d'amis et de copains. Michel qui nous reçoit est fondé de pouvoir au trésor national et propriétaire d'une boîte de nuit célèbre à Brazzaville. Cette boîte de nuit nous sert de lieu des retrouvailles. Nous sommes rassemblés aujourd'hui chez lui, pour un rituel du souvenir qui se répète chaque fois que nous perdons un membre du groupe.

Le groupe est, en réalité, un rassemblement d'amis d'enfance et du lycée, auquel se sont ajoutés des potes rencontrés pendant nos études universitaires. Nous nous soutenons mutuellement. Nous nous retrouvons pour les anniversaires, les fêtes de fin

---

[37] Jeu culinaire prisé par les jeunes filles de notre génération qui consistait à utiliser les boites de conserve comme marmites pour imiter les recettes de cuisine de leurs mamans.

d'année, les mariages et autres occasions de bringues. Nos enfants ont grandi ensemble et forment à leur tour des cercles d'amis.

Aujourd'hui, nous pleurons Yvos et nous nous souvenons de Débikat, Ponfil, Jean-Claude, Eric, et d'autres amis qui nous ont quittés, emportés à la fleur de l'âge. Nous reparlons de notre enfance, de nos rêves, des amis qui, pour des raisons diverses, se sont éloignés. Ces retrouvailles sont des occasions pour boire et manger, pour se soûler et se gaver jusqu'à une heure avancée, sinon jusqu'au petit matin où chacun, groggy et fatigué, rentre se faire engueuler par son épouse.

Le groupe est un collectif de destins, un rendez-vous qui ferme une parenthèse sur les problèmes existentiels, un lieu de fraternité qui permet à chacun d'échapper aux tracas du quotidien, de se libérer et de retrouver, quelque temps, l'insouciance de la jeunesse. Le groupe est également un espace de ressourcement et de reconstruction, un exutoire d'où l'on sort allégé et retapé, du moins, avons-nous ce sentiment apaisant.

Quand je regarde mes enfants, les tout petits, avec leurs copains, je me dis qu'ils sauront conserver des amitiés qui constitueront, demain, leurs espaces de rencontre. Les plus grands, notamment les deux premiers, Daniella et Davy sont déjà mariés et vivent leurs propres expériences de vie, après une enfance qui, j'espère, aura été aussi formatrice que celle de leurs petits frères.

En guise de conclusion

Le culte

J'avais assisté dimanche dernier, à l'église Saint Paul de Dolisie, à une messe en mémoire (messe d'action de grâce) d'un serviteur de l'église catholique, un homme de Dieu, Monseigneur Denis MOUSSAVOU. L'homélie de

Monseigneur Anatole MILANDOU qui officiait le culte fut une véritable interpellation de nos consciences, en tout cas de ceux qui récusent toute évolution positive des mœurs et passionnent inutilement les enjeux politiques, à l'origine des drames successifs que notre pays a connus.

J'ai voulu reproduire ici, de grands extraits de cette douleur exprimée avec beaucoup de ferveur et de piété.

« ….Me voici parmi vous comme un frère parmi ses frères, dans cette ville de Dolisie ô combien symbolique de par le passé, par la diversité de ses habitants d'alors, de l'unité nationale, de l'unité africaine. On y rencontrait Kunis, Punus, Sundis, Nzébis, Laris, Popos, Tékés, Dondos, Portugais, Haoussas, Sénégalais, Mbochis, Français, Allemands, Vilis… Reconstruisons cette ville avec cet esprit, vous hommes politiques et administratifs, vous hommes d'église, nous, hommes et femmes de toutes origines ethniques, tribales et raciales… »

Quel éloge, meilleur que celui-là, pouvait être fait à la ville de Dolisie. Un jour, alors que nous nous baladions dans la ville sans but précis, je dis à mon épouse qui n'en croyait pas ses oreilles que je me verrai bien prendre ma retraite dans cette cité. Depuis, j'ai commencé à y bâtir une maison.

«… Deux ans après sa mort, précisément le 7 décembre 2001, les évêques du Congo s'étaient retrouvés ici à Dolisie pour assurer des funérailles dignes à ce doyen qui était décédé dans des conditions pénibles. Alors président de la Conférence des évêques, je disais dans l'homélie de ce jour-là :
Nous sommes venus ici prier le Dieu de la vie éternelle, célébrer solennellement et dans la dignité les obsèques de Monseigneur MOUSSAVOU. Nous ne sommes pas venus exhumer l'horreur de la guerre fratricide… Nous sommes venus inhumer un aîné prêtre, un père spirituel, un frère martyr de notre honteuse histoire congolaise. Comme un bouc émissaire au jour du grand pardon, nous sommes venus lui confier nos égarements, nos croix quotidiennes, nos incertitudes. Prêtre de

Jésus-Christ, il peut les porter avec lui sur l'autel du Dieu Sauveur et miséricordieux. Oui, qui d'autre qu'un prêtre de sa trempe pouvait nous pardonner ce qu'il a subi ?... »

«... Parce qu'il était bon et sage, de cette bonté intarissable et de cette sagesse pédagogique dont nos vieux parents et nos aînés avaient le secret, il savait être sévère, d'abord avec lui-même, ensuite avec tous ceux dont il se savait le berger... »

« ... Parce qu'il était le plus vieux, le plus ancien, le plus âgé des prêtres catholiques congolais du 20ème siècle, Monseigneur MOUSSAVOU s'est vu placer au milieu de nous tous par Jésus-Christ... »

« ... Parce qu'il était un fils du Congo digne de ce nom, par son âge, son expérience et sa profonde connaissance du terroir, les pas devenus hésitants de Monseigneur MOUSSAVOU pouvaient écrire chacun, un chapitre de l'histoire moderne du Congo... »

J'ai pensé à ces sages, absents du culte, qui se disputaient le statut de « vrais originaires du Niari » avec ceux dits « des pays du Niari », comme si la sagesse recoupait les frontières géo-ethniques, ou que le grand âge conférait forcément respectabilité et autorité.

L'histoire de ce grand homme d'église, mort seul dans sa chambre, dans la maison de Dieu, abandonné par des prêtres comme lui, par des croyants qui sont venus plus d'une fois prendre ses conseils et recevoir l'absolution, ou encore par des parents préoccupés par leur propre survie, est en réalité le drame de chaque congolais, celui de tant d'hommes et de femmes qui ont vécu dans leur chair une humiliation dont le souvenir ne les quittera certainement jamais.

L'actualité

Au moment où j'écris ces lignes, une révolution dite du monde arabe fait l'actualité. Les populations de ces pays se sont soulevées contre leurs gouvernants et réclament plus de liberté, plus de démocratie, une plus grande participation de la société civile à la conduite des affaires de leurs Etats. Ce tournant historique à l'œuvre dans l'Afrique blanche et arabe a connu un aboutissement dans les pays francophones après le célèbre discours de la Baule, du président Mitterrand, qui a conduit aux ouvertures démocratiques dans nos pays.

L'actualité des révolutions actuelles dans le monde arabe pose la question de la causalité entre les phénomènes sociaux à l'origine des mouvements observés et amplifiés, aujourd'hui, grâce aux médias d'un monde devenu planétaire, et le comportement des gouvernants à l'origine des drames que rappellent les propos de Monseigneur MILANDOU. En avons-nous conscience, pouvons-nous garantir, à l'échelle historique de notre marche vers la démocratie, que les crises politiques sont derrière nous ?

En effet, face à la complexité de la réalité politique de notre pays, notamment de l'étonnante absence des mobilisations civiques des partis et associations politiques à la construction éthique des consciences, il me semble qu'au-delà des enjeux électoraux, les acteurs devraient investir des espaces de dialogues, de mobilisation intellectuelle, de renouvellement des intelligences et, finalement, de l'engagement citoyen de chacun au seul débat qui compte : celui de la réalisation du bien-être des Congolais au nom desquels nous tirons nos légitimités.

Un tel dépassement n'est pas possible sans une remise en cause des habitudes acquises, sans une mise en ordre des déterminants qui gouvernent la vie politique des pays qui se cherchent comme le nôtre. Il s'agit là, de mon point de vue, de la seule alternative à partir de laquelle le débat critique, permanent, responsable, dépassionné et constructif est possible. En effet, notre société est, à l'instar d'autres, une histoire en construction, elle-même addition des histoires particulières des projections identitaires, des héritages des constructions coloniales et des choix politiques des gouvernants successifs. Il s'agit précisément, d'éviter le piège des choix exclusifs qui se transforment souvent en discours auto-protecteurs et paralysants et se terminent par des changements violents.

La véritable question est : pourquoi devrions-nous toujours continuer un parcours en rupture avec les temps politiques d'un monde globalisé, en pensant que cela n'arrive qu'aux autres ? L'homélie de Monseigneur Anatole MILANDOU nous renvoyait à la face le souvenir de nos errements d'hier. Il nous demandait, en réalité, de prendre conscience de ce qui se passe autour de nous.

Les Congolais avaient fait les états généraux de leur société politique en 1991, à la fois pour rompre définitivement avec les conformités du monopartisme, mais également pour rentrer en démocratie avec une formule restée célèbre : 'Plus jamais ça' !

Le monde bouge, nous bougeons avec lui. Dieu merci. Nous avons réussi, jusque-là, à puiser dans notre désir collectif de paix et de progrès social, l'énergie nécessaire pour rétablir chaque fois le lien détruit d'un avenir que nous voulons solidaire, et poursuivre l'œuvre de construction de notre pays. Parce que nous ne pouvons pas garantir qu'il en sera toujours ainsi, notre devoir est d'y mettre de l'ordre, afin de léguer aux générations futures un pays réconcilié avec lui-même et qui pense son avenir.

Tel est le sens profond de cet hommage rendu à Monseigneur MOUSSAVOU.

La quête d'un avenir meilleur

Depuis 1997, les pouvoirs publics se battent comme ils peuvent pour reconstruire une économie détruite par la guerre civile. Beaucoup a été fait, mais la tâche est colossale. Malgré les difficultés de parcours, les efforts du gouvernement, sous l'autorité du chef de l'Etat, ont fini par aboutir. Le Congo a atteint le point d'achèvement de l'initiative « pays pauvres très endettés », en sigle PPTE. Dans le langage simple, le Congo a rempli les conditions pour bénéficier d'une remise totale de l'énorme dette extérieure qui handicapait son développement.

Cette chance exceptionnelle est le résultat d'une mobilisation extraordinaire des Congolais, pour, comme avait dit une autorité politique de chez nous, « vivre durement aujourd'hui pour vivre mieux demain »'.

Une perspective de développement qui appelait de la part des cadres du parti au pouvoir une série de réflexions sur les conséquences des allègements de la dette. Mais plutôt que de rassembler leurs intelligences pour s'interroger et envisager l'avenir en se calant résolument sur « le chemin d'avenir » qui, dans son intitulé comme dans son contenu, porte l'espérance, les politiques ont transformé ces moments d'engagement à la réflexion partagée en opportunités de mobilisation populaire. Les responsables de la majorité au pouvoir, dont le PCT, ont, comme par une sorte de réflexe révolutionnaire de type pavlovien, fait la seule chose qu'ils maîtrisent le mieux : organiser des meetings en salle et faire scander à des militants ignorants, les uns plus forts que les autres, des slogans hors contexte, sur un sujet qui, manifestement, les dépassait, confirmant, comme je le pense depuis un moment, la nécessité de la refondation profonde d'une organisation politique en perte de sens.

Cette situation me désolait. Elle me désolait d'autant plus que mes trois années d'expérience comme préfet m'avaient permis de me rendre compte du poids de nos options idéologiques d'hier, notamment sur la manière d'aborder les problématiques économiques. La guerre civile a fait le reste. Je considère aujourd'hui, au contact des réalités locales que j'ai essayées de traduire, que les conditions socio-historiques spécifiques à chaque département donnent matière pour envisager les départements comme des entités économiques, dont les politiques de développement gagneraient à devenir complémentaires de la politique économique nationale.

Je pense aussi qu'une telle approche permettrait de créer les conditions d'une meilleure adéquation des programmes économiques aux besoins réels grâce, en partie, à un transfert des responsabilités opérationnelles du centre vers les départements. Les départements devraient prendre en charge la réalisation de programmes minimums, fondés sur des objectifs concrets, dont les résultats vérifiables seraient définis sur un horizon de 3 à 5 ans. Cette approche permettrait une meilleure description du chemin critique des options économiques et donnerait une meilleure visibilité au projet politique. Enfin, une telle hypothèse mobiliserait mieux les nombreux cadres affectés dans les services déconcentrés, rendrait visible toute cette intelligence endormie et ferait surement éclore une nouvelle culture de la responsabilité départementale. La concertation des directeurs départementaux m'avait donné un aperçu sur un tel engagement. La décentralisation dans son mode de fonctionnement actuel me semble, de ce point de vue, encore timide.

Tel est, le sens profond de mon engagement en politique, celui de contribuer, par la réflexion et par l'action, à dégager l'horizon de mon pays. C'est aussi dans cet esprit que j'ai décidé de m'investir pleinement dans la préparation du futur congrès de mon parti.

Sur la route nationale

Nous nous sommes rassemblés pour notre marche quotidienne. Nous avons été rejoints par deux camarades du parti, en mission de travail à Dolisie, qui, comme moi, ont participé aux commissions préparatoires du sixième congrès extraordinaire du parti congolais du travail qui se tiendra très bientôt. Comme il fallait s'y attendre, nous avons glissé vers les débats internes au parti.

En effet, depuis quelques mois, le Parti congolais du travail cherche un nouveau souffle, je devrais dire un nouveau destin. Ce parti qui a dirigé notre pays pendant les « années du mono », qui a résisté à la bourrasque de la Conférence nationale souveraine et aux nombreux conflits de la transition démocratique est souvent comparé à un roseau qui plie, mais ne rompt jamais. Sa force de mobilisation, utile en temps de crise, est, paradoxalement, devenue une force de blocage qui freine toute tentative de modernisation.

L'adoption en 1990 de la démocratie sociale était un acte de rupture avec l'approche communiste de développement qui guidait l'action du parti depuis sa création. Deux tendances s'opposent désormais, à propos des adaptations inévitables liées à la fois, au contexte du multipartisme et à la mondialisation. Les mêmes tendances s'interrogent sur l'évolution du parti, notamment : comment passer d'une organisation rigide vers une organisation de médiation, de représentation et de délégation, conforme à la nouvelle doctrine.

Avec certains camarades, nous avons, avec courage, réintroduit ce débat sur la refondation du parti. Notre point de vue est qu'il n'est pas possible de comprendre le monde aujourd'hui sans acquérir une autre liberté de penser, laquelle passe forcément par une déconstruction des fondements idéologiques qui empêchent toute tentative de mutation et rend impossible la réorganisation du parti. Nous vivons dans un monde différent, un monde où la lutte politique ne s'envisage plus comme totale et uniquement comme la destruction par un acteur collectif (ouvriers et paysans) d'un ordre ancien, (le capitalisme). Ainsi, la gestion politique n'est plus le résultat d'une opposition radicale des classes sociales, mais celui d'une vérité chaque fois renouvelée et d'une négociation permanente des choix politiques. Seule une telle confrontation des idées et des courants rendrait possible la construction d'un système de pensée et de jugement en conformité avec la nouvelle doctrine et avec le monde d'aujourd'hui. Cette approche disqualifie évidemment des représentations qui, hier, symbolisaient l'histoire, fut-elle glorieuse et même immortalisée, des luttes politiques d'une époque révolue.

Nous considérons que le parti devrait évoluer pour donner naissance à une autre volonté collective, critique et positive. Il doit devenir un lieu de rassemblement des femmes et des hommes qui ont en commun un nouvel idéal politique et qui partagent les mêmes convictions. Il doit s'envisager comme un lieu où s'articulent les réalités d'une société civile en construction et d'une société politique en reconstruction. Il doit donner naissance à des réseaux sociaux, coopératifs et entrepreneuriaux à travers lesquels le parti communique, s'implique dans la vie des Congolais, intervient dans le pays profond, forme les cadres et agit sur le terrain.

Nous comprenons que cette situation nouvelle remet en cause les prétentions d'une élite parasitée par le poids de l'héritage idéologique qui, plus par conformisme qu'au nom de la légitimité historique d'une époque que nous saluons et respectons, résistent de toutes leurs forces au changement. De notre point de vue, le parti étant à la croisée de son parcours politique, le choix de la modernisation s'imposera, inévitablement, sauf à faire tourner la roue dans le sens inverse de l'histoire du monde.

Surtout, parce que dans un monde où les combinaisons entre social et non-social, économie et globalisation ne s'appréhendent plus avec les matériaux du 20e siècle, le parti doit se donner les moyens de résoudre les contradictions d'une économie mondiale globalisée avec la construction d'une économie généreuse, fondée sur des choix audacieux, qui portent l'espérance. Mais surtout, parce que dans un monde dominé par le sujet social, l'absence de débat ou plutôt l'obstruction à toute remise en cause ressemble à une perte de sens du politique. Il est évident que les mots du siècle pour lutter contre l'impérialisme sont devenus incompréhensibles aux jeunes d'un siècle globalisé, où l'information circule à la vitesse de la lumière. Il est difficile, sinon impossible, de concevoir une démarche de remobilisation politique fondée sur le vocabulaire idéologique d'une autre époque. Aussi longtemps que le parti différera ce débat, il sera devant nous.

Mes compagnons traditionnels de marche qui étaient restés silencieux me rappelèrent à l'ordre, comme on dit, pour que nous abordions plutôt des sujets qui intéressent tout le monde. Nous avions, alors, décidé de nous concentrer sur notre effort physique, à la fois, pour tenir la cadence, mais surtout pour continuer à nous laisser envahir par ces paysages de rêve que nous ne cessions d'admirer à chacun de nos passages.

J'eus une pensée pour « Maman » et me promis, résolument, de me mettre à sa recherche, pour lui expliquer, mais lui expliquer quoi au fond ? J'étais déjà convaincu que le bon sens et l'expérience de cette vie difficile, lui avaient apporté de meilleures explications.

Le congrès eut lieu, mais une fois encore, sans aborder les débats de fond, sans que ne fût véritablement clarifié le sens de la marche future du parti. Pourtant, de nouvelles structures furent définies, des camarades installés dans des instances renouvelées. La nouvelle direction politique avait reçu une feuille de route qui lui commande d'absorber l'ouverture engagée au sommet de la pyramide. Elle doit s'efforcer de désagréger les identités tenaces des partis fusionnés et reformer les associations dites affiliées. Elle doit donner une cohérence à la nouvelle organisation politique ainsi recomposée. Un saut dans l'inconnu et une gestion inévitable de l'improbable qui risquent de nous ramener, à terme, à la case de départ comme qui dirait...

Je me demandai si le vieux NONO qui avait reçu une lourde charge, au nom du président du comité central et du bureau politique, ainsi que les membres du directoire du congrès que nous étions, n'avaient pas été à la hauteur de leur mission. J'eus une pensée pour Vieux NOUMAZ. Je me demandai comment il se serait sorti de cette embrouille.

Le président du comité central, le camarade Denis SASSOU NGUESSO, utilise souvent un adage emprunt de grande sagesse qui consiste à rappeler qu'en toute chose, il faut manger morceau après morceau. Nous étions pourtant nombreux à souhaiter que, cette fois-là, le congrès dérogeât à la consigne. Il y avait urgence.

Le réveil

J'étais debout devant « Maman ». Je demandai à mon agent de sécurité de l'aider à remettre, sur le dos, son panier chargé d'ignames, de tubercules de manioc, de légumes et de bois de chauffe. Et puis soudain le déclic.

Je n'avais pas retrouvé « Maman ». En réalité, je ne l'ai jamais quittée. Toute cette histoire, tous ces voyages dans le passé, toutes ces pérégrinations dans le futur n'étaient finalement que le résultat d'un dédoublement dans cette recherche effrénée des réponses. La rencontre du temps et de l'espace.

Il paraît que j'étais resté longtemps à fixer « Maman », sans rien dire. Elle s'inquiéta, ramassa une brique en terre cuite qui traînait et me fit asseoir. Elle était convaincue que le soleil avait eu raison de ma santé. Il faisait, en effet, particulièrement chaud ce jour-là. Elle m'aurait alors aspergé d'eau pour faire baisser la température et se serait mise à me frotter doucement la tête, malgré sa propre fatigue. Je me serais alors assoupi dans ses bras.

Je venais de sortir de mon profond sommeil, j'étais confus mais heureux comme un enfant.

Sur le chemin du retour, je vis au loin, Nhya, EKO et « Maman » qui toutes, avançaient vers moi, ensemble et unies. Je me retournai pour m'assurer que je n'hallucinais pas. En se rapprochant, les trois femmes n'en faisaient plus qu'une seule. Le visage était celui de ma mère. EKO me regarda alors longuement avant de me dire que tout était fini, il fallait que je rentre à la maison. Elle ajouta que j'étais arrivé à destination.

Le claquement d'une porte qui s'ouvrit me réveilla, je me levai, je rêvais. Mon épouse, Patricia, entra dans la chambre, elle était radieuse, elle venait m'annoncer que notre petit garçon Patrick venait de réussir au concours d'entrée à l'école militaire préparatoire général Leclerc. Un militaire dans la famille, pourquoi pas ! Avais-je pensé, la tête encore dans les nuages. Finalement, cette nouvelle sur la carrière future de mon fils, au moment où j'émergeais de ce long voyage, annonçait un nouveau départ.

L'Homme est, selon les enseignements, par sa nature en résonance avec le monde de l'esprit. Il se réalise dans son corps physique, agit dans le monde réel, mais s'exprime dans l'espace et dans le temps. Ainsi, chacun de nous a ses propres océans à franchir. Pour ce qui me concerne, je venais, enfin, de faire le deuil de ma mère, de ramener cette partie de moi qui était restée là-bas, le jour de cette fuite effrénée dans les forêts d'Aliéni, le jour de cette séparation obligée.

Je vais pouvoir entamer ma troisième vie.

Table de matières

Préface 11

Introduction 19

La rencontre 21
Souvenirs d'enfance 22
Les évènements de 1959 23
Le présent 24
Les responsabilités 25
La fuite 28
Les origines 29
Le départ pour Brazzaville 31
L'engagement 32
Le retour de l'exil intérieur 39
La reconstruction 41
L'adolescence 43
La tournée préfectorale 46
Makabana 48
L'espoir 52
Mossendjo 52
Moungoundou Sud, Moungoundou Nord 53
Mayoko 55
Mbinda 55
Divénié 56
Les autres étapes 57
Maman 58
Makoua 59
Bakoli 61
Walangoye 61
Nhya 64
La douleur de mes mères 67
Le présent : les responsabilités 68
Londélakaye : les doutes 68
Kimongo 70
Nionguito 73

Le rêve	75
Le préfet	80
Le drame	82
Les années universitaires	87
Le retour	89
Poto-poto	91
La révolte	97
Eric	103
Les années parlementaires	108
L'hommage	111
La José	116
Aliéni	119
LEKOBA, mon père	120
La question de mon père	135
Sur cette plage	139
Sur l'autoroute	142
Dolisie	144
Le groupe	149
En guise de conclusion	150
Le culte	150
L'actualité	153
La quête d'un avenir meilleur	154
Sur la route nationale	156
Le réveil	160

Le Congo-Brazzaville aux éditions L'Harmattan

Dernières parutions

GRAND-PÈRE, PARLE-NOUS DU PEUPLE KOONGO
Antoine-Ganga Dieudonné - Préface de Guy Menga
Ce livre donne une mine d'informations sur le grand peuple koongo, sur ses coutumes et ses traditions qui sont en train de se désagréger petit à petit. Il consiste donc à sauver, grâce à l'écriture, ce qui peut encore l'être. L'auteur, dans un langage perméable et facile, use du procédé de questions-réponses et aborde un large éventail de domaines : proverbes koongos, histoire ancienne, colonisation et indépendance, religion traditionnelle.
(19.00 euros, 190 p.)   *ISBN : 978-2-336-00141-8, ISBN EBOOK : 978-2-296-50486-8*

PRATIQUE ET DÉONTOLOGIE NOTARIALES EN DROIT POSITIF
Congo-Brazzaville
Amboulou Hygin Didace
Cet ouvrage présente de nouveaux enjeux de la profession et contient une étude complète des missions du notaire notamment celles de conseil, de médiation, d'établissement et de conservation des minutes dans les matières relatives au droit de la famille, au droit des affaires et au droit immobilier, des informations sur le calcul des droits de mutation, un glossaire de notions clés, 243 références de législation, jurisprudence et doctrine..
(Coll. Etudes africaines, 18.00 euros, 168 p.)
         ISBN : 978-2-296-99339-6, ISBN EBOOK : 978-2-296-50285-7

HISTOIRE DES INSTITUTIONS JUDICIAIRES CONGOLAISES DE 1910 À NOS JOURS
Amboulou Hygin Didace - Préface d'Aimé Emmanuel Yoka
En 1910, la France ouvre une nouvelle ère de la colonisation en créant la Fédération de l'Afrique équatoriale (AEF). S'installent ensuite des institutions politiques, administratives et socioéconomiques (conférence de Brazzaville en 1944, Union française en 1946, Loi-cadre de 1956, Communauté française et création de la République du Congo en 1958, indépendance en 1960). Chaque période se caractérise par l'unification difficile des institutions judiciaires dans une société où cohabitent deux civilisations (traditionnelle et moderne).
(Coll. Etudes africaines, 29.00 euros, 280 p.)
         ISBN : 978-2-296-99351-8, ISBN EBOOK : 978-2-296-50376-2

DROIT (LE) DU PATRIMOINE CULTUREL CONGOLAIS
Kianguebeni Ulrich Kévin
Le patrimoine culturel congolais est digne d'intérêt ; il apparaît, dès lors, nécessaire de mentionner les progrès enregistrés dans l'élaboration des

outils juridiques et dans la mise en place des institutions qui contribuent à la protection du patrimoine culturel dans ce pays.
(Coll. Etudes africaines, 14.00 euros, 132 p.)
ISBN : 978-2-296-96281-1, ISBN EBOOK : 978-2-296-50255-0

VILLE (LA) D'OYO – Futurs possibles d'Oyo Poro
Ikiemi Serges - Préface du Pr Théophile Obenga
Serges Ikiemi retrace le parcours d'une ville du Congo Brazzaville née d'intenses luttes syndicalistes des natifs de cette localité, de la prophétie de Marcel Okoyo et de l'action de Denis Sassou Nguesso. Oyo est une ville cosmopolite, et ses habitants contribuent à faire de cette communauté urbaine une cité bien organisée.
(Coll. Harmattan Congo, 13.50 euros, 124 p.)
ISBN : 9782-296-99661-8, ISBN EBOOK : 9782-296-50074-7

ANNALES DE LA FACULTÉ DES LETTRES ET DES SCIENCES HUMAINES N° 5
Premier trimestre 2011
Massoumou Omer
Cinquième numéro des Annales de la FLSH de l'Université Marien Ngouabi, avec trois grandes parties comprenant divers articles : Langues, Littérature et Sciences Humaines.
(45.00 euros, 474 p.)   ISBN : 978-2-296-99218-4, ISBN EBOOK : 978-2-296-50297-0

EXPÉRIENCE (L') CONGOLAISE DU SOCIALISME DE MASSAMBA-DÉBAT À MARIEN N'GOUABI
Ollandet Jérôme
Le 15 août 1963, la population de Brazzaville descend dans la rue pour exiger la démission de l'abbé Fulbert Youlou, le premier président du pays. De ce geste naît un autre mythe. Le pays opte pour l'expérience d'économie planifiée qui prend vite le nom de «socialisme scientifique». Ce livre retrace les étapes essentielles de cette expérience congolaise du socialisme pendant les douze premières années de son déroulement.
(Coll. Harmattan Congo, 37.00 euros, 358 p.)   ISBN : 978-2-296-96770-0

MONARCHIE (LA) DE DROIT ANCESTRAL TÉKÉ – Sacralité et autorité
Ebiatsa Hopiel
Chez les Téké, la stratégie développée autour des forces surnaturelles pour exercer le pouvoir a donné naissance à une structure politique originale et peut-être unique en Afrique centrale : une Monarchie décentralisée au sein de laquelle les pouvoirs du roi sont largement tempérés par un Conseil spirituel et fortement limités par un Grand Conseil des Sages du royaume.
(Coll. Etudes africaines, 11.50 euros, 82 p.)   ISBN : 978-2-296-96095-4

COMPORTEMENTS (LES) ANTI-SOCIAUX DANS LE SYSTÈMES JURIDIQUE TRADITIONNEL CONGOLAIS
Ognimba Amédée
Avant l'époque coloniale, le Congo-Brazzaville actuel était constitué par des royaumes et chefferies. Ils possédaient des institutions judiciaires

propres, et le droit de la répression qui s'y appliquait ne s'exerçait que sur les comportements anti-sociaux reconnus comme répréhensibles. Mais il y avait des actes anti-sociaux tolérés donc impunis. Voici d'abord une analyse exhaustive de ces comportements anti-sociaux, ce qui les caractérisait et les modes de répression.
(Coll. Pensée Africaine, 21.00 euros, 204 p.)   *ISBN : 978-2-296-96995-7*

MVOUMVOU
Ensemble levons-nous et bâtissons !
Makosso Anatole Collinet
Natif de Mvoumvou au Congo, l'auteur y a passé une bonne partie de son enfance et est lié à cette commune. Mais Mvoumvou semble aujourd'hui à l'écart du mouvement de reconstruction amorcé partout dans le pays. Il est temps de rebâtir cette commune, d'en faire une sorte de nouvelle Jérusalem, d'y entreprendre d'importantes réformes devant lui permettre de retrouver son identité et sa place au coeur du Kouilou.
(Coll. Harmattan Congo, 12.00 euros, 90 p.)   *ISBN : 978-2-296-96854-7*

CHINE (LA) AU CONGO-BRAZZAVILLE
Stratégie de l'enracinement et conséquences sur le développement en Afrique
Bokilo Julien
La Chine a besoin des matières premières dont dispose l'Afrique, ce qui semble justifier la stratégie d'enracinement chinoise au Congo. Cette étude montre les constances de cet échange, comment la Chine maintient les Africains dans une dépendance grâce aux ancrages idéologique, monétaire et humanitaire, comment elle mène une gestion ethnocentrique en Afrique. Voici une réflexion sur l'échange asymétrique et sa dynamique dans le jeu de coopération économique entre les pays riches et les pays pauvres.
(Coll. Etudes africaines, 32.00 euros, 314 p.)   *ISBN : 978-2-296-96498-3*

LANGUE (LA) DE LA POLITIQUE AU CONGO-BRAZZAVILLE
Contexte sociopolitique et comportements langagiers
Mfoutou Jean-Alexis
Cet ouvrage met en évidence le rôle des événements et des pratiques politiques dans la conduite langagière des sujets parlants qu'il présente comme une réponse à un *stimulus*. L'auteur montre le nouveau rôle du français (langue refuge) et la manière dont cette langue est parlée dans le Congo-Brazzaville contemporain en proie à des conflits politiques et ethniques.
(Coll. Etudes africaines, 24.00 euros, 238 p.)   *ISBN : 978-2-296-96937-7*

L'HARMATTAN, ITALIA
Via Degli Artisti 15; 10124 Torino

L'HARMATTAN HONGRIE
Könyvesbolt ; Kossuth L. u. 14-16
1053 Budapest

ESPACE L'HARMATTAN KINSHASA
Faculté des Sciences sociales,
politiques et administratives
BP243, KIN XI
Université de Kinshasa

L'HARMATTAN CONGO
67, av. E. P. Lumumba
Bât. – Congo Pharmacie (Bib. Nat.)
BP2874 Brazzaville
harmattan.congo@yahoo.fr

L'HARMATTAN GUINÉE
Almamya Rue KA 028, en face du restaurant Le Cèdre
OKB agency BP 3470 Conakry
(00224) 60 20 85 08
harmattanguinee@yahoo.fr

L'HARMATTAN CAMEROUN
BP 11486
Face à la SNI, immeuble Don Bosco
Yaoundé
(00237) 99 76 61 66
harmattancam@yahoo.fr

L'HARMATTAN CÔTE D'IVOIRE
Résidence Karl / cité des arts
Abidjan-Cocody 03 BP 1588 Abidjan 03
(00225) 05 77 87 31
etien_nda@yahoo.fr

L'HARMATTAN MAURITANIE
Espace El Kettab du livre francophone
N° 472 avenue du Palais des Congrès
BP 316 Nouakchott
(00222) 63 25 980

L'HARMATTAN SÉNÉGAL
« Villa Rose », rue de Diourbel X G, Point E
BP 45034 Dakar FANN
(00221) 33 825 98 58 / 77 242 25 08
senharmattan@gmail.com

L'HARMATTAN TOGO
1771, Bd du 13 janvier
BP 414 Lomé
Tél : 00 228 2201792
gerry@taama.net

514507 - Décembre 2012
Achevé d'imprimer par